学校がしんどい先生たちへ

それでも教員をあきらめたくない私の心を守る働き方

ゆきこ先生

はじめに

教員になる前は、あんなにワクワクしてたのに。

教員になった今、なんでこんなに笑えていないんだろう。

そんな風に思いながら、本書を手に取った方がいらっしゃるのではないでしょうか。

私も、まさにそうでした。


はじめまして。小学校で教員をしながら、インスタグラムで学校現場のことや、2児の母として子育てのことなどを投稿しているゆきこと申します。

私の弟は自閉スペクトラム症です。弟のこともあり、私はきっと、特別支援学級の子どもたちと通常学級の子どもたちの橋渡しができるんじゃないか。そう思って、小学校教員を目指しました（今思うと、そうやって限定する必要もなかったな、いろんな子の橋渡しがしたいな、と思いますが）。


子どもたちに伝えたいことが、子どもたちと一緒にやりたいことが、私が子どもたちのためにできることがきっとたくさんある。

そう思い、教員になることが決まり、赴任する4月までの半年間、ワクワクした気持ちでいっぱいでしたし、きっとそのワクワクを語っていた私の顔は生き生きとしていたと思います。

だけど、赴任して早々、そんなワクワクした気持ちがどんどんなくなっていきました。

私の話は子どもたちに届かない。

楽しい授業ができない。

いつも時間に追われている。

またトラブルが起きてしまった。

また子どもたちを叱ってしまった。

私がやりたかったことをやる余裕なんて、ないよ。

私が伝えたかったことは、なんだっけ。

私が子どもたちのためにできること？　そんなことよりまず、目の前の仕事をどうにかしなくちゃなんじゃないの？


そうやって、とにかく目の前のことを片付けるのに精一杯になっていくことで、いつの間にか、ニコニコする余裕さえ、なくなっていきました。


あぁもう22時。だけど明日の授業の準備、終わっていないんだった。

あの子への指導の仕方、きっと間違ったな。あの子の心が離れていっちゃったな。

帰宅してから保護者から連絡がきていたらしい。今日のあのことだったら、明日聞き取りして放課後に保護者に連絡をして、相手の保護者にも連絡して……。

あぁ、研究授業の指導案、明日には完成させなきゃいけなかった。でも、この前、他の先生に指摘されたところ、結局まとまらなかったんだよな……。

夜、おうちでごはんを食べながら、お風呂の中で、寝る前のベッドの中で、ずっと頭の中はクラスのこと、明日の授業のこと、終わっていない仕事のことを考え続けて、なかなか寝つけないこともありました。

こうやって悩んでいるのって、私だけなのかな。

教員という仕事が向いていない。

私は教員を一生続けられない。

こんなに私って何もできなかったっけ。

過ごせば過ごすほど、心と自信はすり減っていって、だけど誰にも相談はできなくて、何度も自分を責めながら、だけど自分を責めていると本当に働けなくなりそうで、環境や制度のせいにしたり、自分の業務量のせいにしたり、何かのせいにして必死に自分の心を守りながら毎日毎日学校に向かいました。
いや、自分の心を隠しながら、なのかもしれません。
だから私は、ある日学校に行けなくなりました。

あのときは私にとっては突然で、鏡の前で準備しようとしても手が少しも動かなくて、電話で欠勤連絡をしようとしても声もなかなか出なくって。
でも、今振り返ってみると、突然ではなくて自分が悩んでいることを誰にも言えなくて、小さな小さな苦しい気持ちが数年の間にコップいっぱいになって、溢れてしまったのだと思います。だからきっと、突然ではなかったのでしょう。

私はあの頃、職員室で相談することができませんでした。
相談したら、
「こんなこともできないの？」と思われるんじゃないか。
「みんな乗り越えてきたことだよ」と言われるんじゃないか。
というか、みんな大変なのに、こんなことを相談してもいいんだろうか……。

自分の悩みはきっと、他の人にとっては取るに足らないことか、悩みながらも乗り越えてきたものだと思って、我慢していたんです。自分にとっては、間違いなく、悩みだったのに。

だから、私は同じような悩みを抱えている先生に向けて、インスタグラムで発信を始めました。

本当は勤務先の学校の職員室で言えたらいいんだけど、私と同じようになかなか言い出せない人がいるかもしれない。そんな先生でも、同じ教員という職業だけど、関係性としては少し離れているＳＮＳという場だったら、思いっきり悩みを言えるんじゃないか。

悩んでいる先生に向けて「私もわかります、同じです」「それ、すごくしんどいですよね」と共感したい。「私はこうやってみたらうまくいったから、ひとつの参考にしてみてください」と伝えたい。

そして「がんばりすぎず、ぼちぼち一緒に、やっていきましょうね」と励まし合いたい。

そうやって悩みを聞いているうちに、いつの間にかこんなにも大勢の方が私のところで悩みを言ったり、ちょっと休憩したり、教育の楽しい話をしに来てくれたりするようになりました。

保護者の方や教員志望の学生の方からのメッセージも増えました。

こうやって発信を続けてわかったことは、

ひとりじゃないこと。

同じ悩みを抱えている人がたくさんいること。

びっくりするような新しいノウハウや、とんでもなく最先端の実践、これさえやれば大丈夫！という答えは、もしかしたらこの本には載っていないかもしれません。だけどその分、多くの先生がきっと1回は悩んだ経験のあることが、たくさん載っている1冊になっているはずです。

しんどかったあのときに思いを馳せながら、こうやって言ってもらいたかったな、こうすれば良かったんだよな……なんて振り返りながら書きました。

私の考え方、とらえ方、うまくいった方法が少しでも誰かのお役に立てたら幸せです。

しんどいなと思ったときに、「しんどくてもこれなら読める」そんなふうに思ってもらえたら、最高です。

ここまで読んでくださり、ありがとうございます。ぜひ、ご自分のペースで、ご自分が読みたいと思うところから、ゆっくりと読み進めていってください。

CONTENTS

第2章 「教室」がしんどい先生たちへ

第3章「職員室」がしんどい先生たちへ

第4章「保護者」がしんどい先生たちへ

第5章 「プライベート」がしんどい先生たちへ

Staff

デザイン／佐藤ジョウタ（iroiroinc.）
カバーイラスト／どいせな
執筆協力・編集／町田薫
DTP／山本秀一、山本深雪（G-clef）
校正／文字工房燦光
編集／石坂綾乃（KADOKAWA）

TEACHERS' WORRIES

第1章

「働き方」がしんどい先生たちへ

TEACHERS' WORRIES

働き方 1

Q 仕事量が多すぎて、土日が仕事でつぶれてしまいます。

A 土日をやめ続けると、いつかきっと仕事を辞めることに。まずは手放せること探しから！

私が1年目のとき、ベテランの先生に言われた言葉。

「土日やめますか？　仕事辞めますか？」

仕事が遅い分、勤務時間以外の時間でカバーするのは当然、というわけです。今考えるとかなりブラック。でも、その先生が言わんとすることもわかる。

1年目の頃の私は、平日はいつも20時、21時くらいまで残り、それでも終わらなくて家に仕事を持ち帰る毎日。

土曜日も朝から夕方まで学校で仕事……という生活が続いていました。

そして、それは仕方のないことだとも思っていたのです。

「そんなもんだ、みんなそうだから、そうしないとダメだから……」

そうやって無意識のうちに自分に言い聞かせていたのかもしれません。


ところが数年後、ひとりの先生が異動してきました。

その先生は定時に帰り、週末も仕事はしないと言います。

なぜ、それで仕事が終わるんですか？と泣きつく私に、その先生は言いました。


「私はこの先、結婚したいし、子どもを産みたいし、子育てしながら仕事もしたい。

そして、実際そうなったとき、遅くまで残業したり、週末に仕事をしたりするのはむずかしいでしょう。

だから、今のうちに自分でやりくりしているの」

それを聞いても、当時の私は正直ピンときませんでした。

「そうは言ってもこの仕事量、やりくりしてどうにかなるものではないでしょう？」という感想だけ。それで自分の働き方を変えることはありませんでした。無理だと思っていたから。

それから何年かして、土日をやめ続けた私は、だんだんと苦しくなっていきました。いっぱいいっぱいになって初めて自分の働き方を見つめ直したとき、「あ、あのとき先輩が言っていたことってそういうことなんだ」とやっと腑に落ちたのです。

「今でさえ、自分が無理していると感じる働き方をしているのに、**こんな働き方、何十年も続けられるわけがない**」と。

好きな仕事だからこそ、持続可能な働き方を自分で見つけていかなければいけないのだと、ようやく気がつきました。

とはいえ、今の仕事を一気に手放すのは不可能。

子どもの安全に関わることなど、絶対に削れない仕事もある。

そこで、まずは自分が「やらなきゃ」と思っている仕事の中で手放せることを探し、**小さいことからひとつずつ手放していくことにしました。**


最初に手放したのは、毎朝黒板に書いていた子どもたちへのメッセージ。

子どもたちは喜んでくれていたし、作業時間はたった10分程度。でも、1週間なら50分。

それに朝の時間ってすごく大事で。本当は、授業準備や自分の心を整える時間に使いたい……と思っていたんです。

やったほうがいい。でもちょっと〝モヤっと〟する。黒板のメッセージはそんな日課でした。自分が自分に課していただけで、誰も強制はしていないんですけどね。

それを、勇気を出して「えいっ」と手放したら、子どもたちははじめ「あれ？」という感じでした。

でも、何日かするとまったく気にしなくなりました。

一方、私はというと、教室で準備をしながら、子どもたちの様子をゆっくり観察する時間がもてるようになったのです。

朝の時点でいつもより元気がない子どもに話しかけたり、必要なときは学年の先生に共有したりと、別の形で子どものために時間を使えるようになりました。

そうやって、「子どもたちのために」と思いながらも「できたらこれなくしたいな」と思うこと、ちょっと心に引っかかること、〝モヤっと〟があることを地道に見つけて、まずは1日やめてみる。

いい感じなら、もう1日やめてみる。

手放すことでモヤモヤするなら一旦保留にして、他に手放せることを探してみる。

探して、やめて、を何度か続けて、自分も周囲も大丈夫そうなら本格的に手放す。

そうして**手放すものに試用期間を設け、少しずつ見直しながら**今の働き方に変わっていきました。

すぐにできたわけではありません。私は、シフトするまでに2年かかりました。

今まで必要だと思ってやってきたことをやめるのは勇気がいります。

「子どもたちのために」やってきたことだから、当然ですよね。

そして、それは間違いなく子どものためであって、間違いなくすてきなことのはず。

でも、先生を辞めたいわけじゃない。

先生を続けるためにどうすればいいのかを考えた結果が、今のスタイルなのです。

じゃあ、今は土日に仕事はしないのかというと、そういうわけでもありません。

私の場合、ＳＮＳで教育関連の情報を発信することが多いですが、そうすることで自分の知識を整理できます。また、他の先生と交流することで新しい実践を知ることもできます。授業改善のための勉強会に行ったり、教材研究をしたりすることもあります。

ただ、今は「やらなきゃ」ではなく、「やりたい」からやっているので、今までとは向き合い方がまったく違います。

おそらく、土日やめますか？と言った先生も、残業をしないようにやりくりしていた先生も、その人なりの「先生を続けるため」のやり方を教えてくれていた。

ただ、その方法や考え方が、その先生と私では違っていただけ。今ではそんなふうに思えます。

仕事を手放すための手順

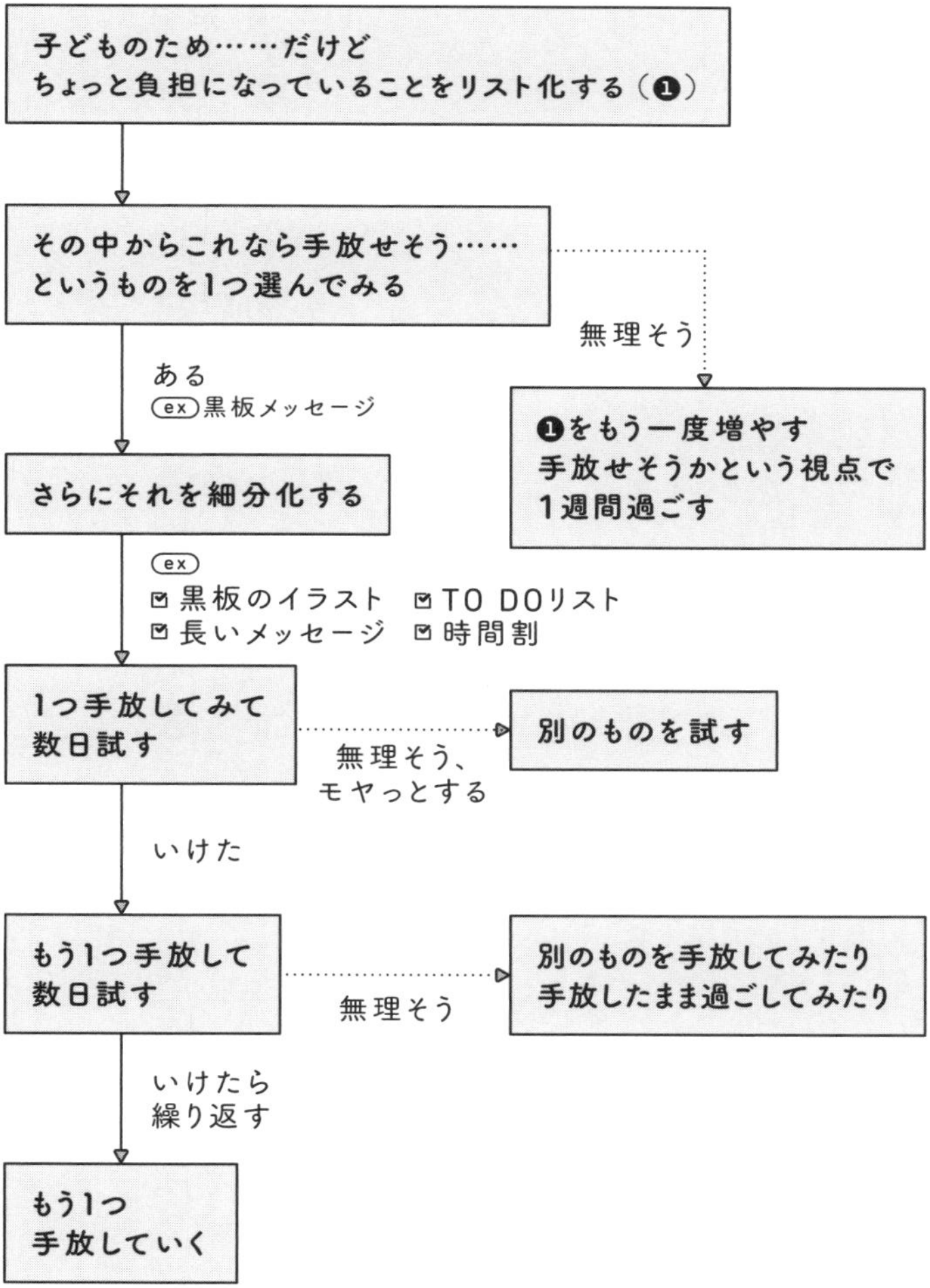
子どものため……だけど
ちょっと負担になっていることをリスト化する（❶）
その中からこれなら手放せそう……
というものを1つ選んでみる
無理そう
❶をもう一度増やす
手放せそうかという視点で
1週間過ごす
ある
ex 黒板メッセージ
さらにそれを細分化する
ex
黒板のイラスト
TO DOリスト
長いメッセージ
時間割
1つ手放してみて
数日試す
無理そう、
モヤっとする
別のものを試す
いけた
もう1つ手放して
数日試す
無理そう
別のものを手放してみたり
手放したまま過ごしてみたり
いけたら
繰り返す
もう1つ
手放していく

TEACHERS' WORRIES

働き方 2

Q 仕事が増える一方で、本来やるべき仕事ができません。

A 1か月単位の隙間時間で仕事を細切れに割り振って。ちょっと仕事が残っています、という塩梅《あんばい》もときには必要。

先生の仕事って本当にたくさんありますよね。

授業をする、そしてその授業の準備をするのはもちろん、給食指導に掃除指導。

GIGAスクールやらプログラミング教育やら外国語やら、新しい学習法、考え方を取り入れた授業を展開する必要もあります。

その新しいものを取り入れるための研修もあるし、それを自分のものにするのも結構時間がかかるし……。

加えて、「サッカーゴール移動させまーす」「プール掃除やりまーす」などの作業も結構ある。しかもなかなかの力仕事。

学級事務に教科書事務、学籍も……事務処理に加えて会計もやります。

教室内は、年々増えていく教員個人のお仕事道具に子どもたちの教科書、絵の具セット、一時的に保管している図工の作品、チェックしていないワークシートなどなど。どうやったらすっきりさせられるのか頭を抱える掃除、片付け、整理収納。

他にも、保護者や地域の方、職員室内でのコミュニケーションや指導案作成に研究も。そのうえ、会議や研修、運動会の準備に避難訓練の計画書提出。あ、教育実習生も来るんだっけ……もうパンク寸前です。

こんなクラスにしたいなぁ、こんな学年にしたいなぁ、と夢が広がる学級経営や学年経営。

一人ひとりに対してやりたいことがたくさんある個別の対応や特別支援。

そのために必要なあんなことやこんなものを準備していたら毎日残業、土日は丸つぶれ。

だから私は、前述のように**手放せる仕事はどんどん手放して、できた隙間時間を自分にとってマストな仕事にあてるようにしました。**

ただ、隙間時間が15分しかないときに、「この時間で校務分掌をやろう」と思ったところで結局終わらず、それでストレスになるということも。

そこで、**1か月のスケジュールを俯瞰してみて、「ここところで作業できる」という時間を見つけて、仕事を細切れにして割り振ってやる**ことに。

「この日までにこれを終わらせる」というざっくりしたスケジュールなら、毎日できなかったことを悔やむ必要もありません。

また、あるベテランの先生が、「仕事が速いのも素晴らしいことだけど、無理してどんどん速く終わらせて『抱えている仕事は全部終わっています』感を漂わせていると仕事はどんどん入ってくる。だから、**常に仕事を2割くらい残しておきながら自分のペースを調整する**といいよ」と教えてくれたことがあります。

これって、「余裕があるくせに仕事しないいってこと?」と最初は思っていたんです。でも、仕事のペース配分もマラソンと同じかもしれない、と思ったら腑に落ちました。マラソンで、まだまだ速いペースで走れると思って序盤でエネルギーを使いまくると、後半バテてゴールできなくなりそうだって、誰でも想像がつきますよね? 仕事も、最初は余裕があるからと、あれもこれも引き受けてエネルギーを使いまくって、果たして全員がそのエネルギーとペースを保ったまま、仕事をし続けられるのか……という話です。

だから私もそれにならって、もらった仕事をその場で一気に片付ける、というやり方ではなく、締め切りを意識しながら「これはあと一週間あるから少しゆっくりやろう」「これはそこまで急ぐ必要がないかな」と自分でペース配分することで、仕事の調整もうまくいくようになりました。

途中で「やっぱりできません」となるよりも、**自分が完走できるエネルギーとペースを調整する**って、仕事においても大切なことかもしれないなと思っています。

POINT

隙間時間でやっています

☑宿題チェック	○子どもと丸つけ。もしくは朝一番に教室にいて、教室に来た子からどんどんチェック
☑ノートチェック	○ノートの書き方を指導したい場合、ノートを集めて放課後見ることも ○直近では、毎時間ロイロノート（授業支援のクラウドツール）で写真を撮って提出してもらう。コメントを入れるときもあれば提出のみのときも。成績づけのときはまとめて見ておけばOK。自動で名前順に並べ直しができるし、自分のペースでチェックできるのでとても便利
☑掲示物の準備	○2段クリップでつないだりするときは、お手伝いしたいタイプの子どもたちと一緒にやることも。「これ自分で飾ったんだよ！」と喜んで話す子どももいるので、お互いにハッピー！
☑丸つけ	○基本はその場で、もしくは子どもと一緒にやる
☑日記のコメント書き	○週1回日記を出していて、たっぷりコメントを入れるのが好き ○早く返したいから、給食を食べた後の時間で書いたり、昼休みを使って書いたり。時間はかかるけれど、自分がやりたいことならOK（そういうことに時間を使えると、心に余裕が生まれます）

TEACHERS' WORRIES

働き方 3

Q 授業準備に手が回らず、翌日の授業が憂鬱になります。

A テンプレートは事前に用意。利用できるものはなんでも利用して心にゆとりを！

繰り返しになりますが、やることが多くて、あんなこと、こんなことに時間を取られて「授業準備が間に合わない！」なんてことも一度や二度ではありませんでした。そんなときは本当に、学校に行くのがつらかった……。

だから、そうならないために、利用できるものはなんでも利用します。そして、そういうものをいっぱいもっておくのは精神衛生上、とても大切です。

例えば、本屋さんに行けば、各教科の全授業の指導の流れ、板書計画、それどころかワークシートまで付いている本がたくさん並んでいます。

国語も算数もとりあえず1冊ずつ買っておくだけで、心の安定が断然違います。

また、**インスタグラムで「板書」や「小学校教員」のハッシュタグを検索**することもよくあります。そうすると小学校教員の実践事例がいっぱい出てきて、すごく参考になります。

「国語」などの教科で調べることもあるし、『スイミー』など具体的な内容でも、その板書案が載っています。

そうやってざっと調べて、「私のクラスで使えそうなもの」を保存しておく。

実際、それを使ってやってみた後に、「ここは実態に合わなかった」という部分を次回に修正すれば、授業改善にもなるわけです。

「それって人のものを借りるだけで手抜きでは？」と思う人もいるかもしれませんが、私はそうではないと思っています。

話は逸れますが、私の好きな料理研究家の方が、時短とかレンジだけでできる料理を紹介しているのですが、彼女は決して「ずぼら」や「手抜き」という言葉は使いません。

彼女いわく、「料理を作っているだけで、ずぼらや手抜きなんて思わないし、料理するだけですごいと思う」と。

これってまさに、他の人の指導案を参考にするのと同じですよね。

だから先生も、市販の指導案を使おうが、他の人の板書をお手本にしようが、授業をやっているだけで、「今日は手抜きだ」なんて思う必要はないんです。

授業のことを考えて本を買ったり、あれこれ参考にしながら考えたりしているだけですごいことだと思います。

そうやって**頼れるものをいくつか用意して、授業に対する不安が払拭されて心に余裕をもつことのほうがよっぽど大事**。

それに、全部の授業を一から作り上げないとダメ、なんていうことも全然ありません。

逆に、無理して一生懸命作り上げた授業なのに、子どもたちからあまり反応がなかったり、自分も眠かったりすると、なんでうまくいかないのかとイライラして、いつもはしないミスをしたり、子どもたちを落ち着いて見られなくなったりするという負のループに陥ることも。

結局、授業だって子どもたちのためにやっているものだから、子どもたちが楽しく学習してくれるのが一番だと思います。

TEACHERS' WORRIES

働き方 4

Q やりたいことができなくて、ストレスがたまる一方……。

A 自分が一番大事にしたいことにフォーカスして仕事の取捨選択や熱量の緩急で理想の形に。

先生って、求められることが多い気がしませんか？

例えば、子どもたちの教育。

忘れ物なし、静かな学習環境、給食は全員完食、隅々まで掃除が行き届いた教室、全員が積極的に参加する授業、元気に挨拶、トラブル・もめごとなし……。

例えば、クラス運営。

美しい掲示物、子どもが生き生きする仕組み作り、構造化された板書、見やすくてわかりやすいワークシート、毎休み時間にはドッジボール、毎週欠かさず学級通信、どのワークシートにもコメント、どんな子にも適切な対応……。

例えば、仕事環境。

上手な保護者対応、毎回遅れず門当番、満足のいく学習指導案、自分のカラーを出した新しい提案、いろいろな先生の気持ちを汲んだ提案、同学年の先生を気遣い残業、定時退勤・土日出勤なし、どの先生とも良好な人間関係、休日も自主的に研修・勉強……。

他にもたくさんあるけれど、どう考えても全部は無理。

本当はやりたくないのに、苦手なのに、○○先生にやってと言われるから、周りがやっているから……。

いろいろ詰め込んでいたら、いつかきっとパンクします。

でも、じゃあどうしろと？

だから私は、**自分のしたいこと、大切だと思うことにフォーカスして、それを適切に表現することを大事にしました**。

学級通信は毎週出したいとか、掲示には一番力を入れたいとか……こだわりたいことは人それぞれ。そうやって自分にとってのブレない軸があれば、一点集中でもいいのでは？

もちろん、他のことをやってみたらしっくりくることもあるし、やってみないと見えない景色もあるから、気になることはやったほうがいい。

でも、そういうときにも**力の入れ加減に緩急をつけたり、自分のエッセンスを加えてみたり**するのはすごく大切。

そうやって試行錯誤や取捨選択をしていくうちに、だんだんと自分のやりたいことができるようになっていくのだと思うのです。

POINT

やりたいことをやるために手放した仕事5選

1 単元ごとにワークシート作成

ワークシートってどんどんこだわりたくなるけれど、一回一回つくる時間がもったいないので、基本はノートでやることに。

2 苦手だった学級通信作成

管理職にチェックしてもらうために時間が必要で、数週間前の出来事を伝えることが少し苦しかった。文章を書いたり、写真を探したりの手間もあって手放した。

3 定期的に変わる教室掲示

単元ごとに張り替えたり、1か月ごとに写真掲示したりは、ついつい私が忘れてしまうので、代わりに、習字やポケットファイルなど、常に掲示できるものを多めに掲示。

4

校務分掌のオリジナル感

「校務分掌は自分の色も出して功績を残さなきゃ」と思っていたが、いろいろな人の意見を吸い上げるほうが性に合っていた。

5

後から改めて提出するアンケート

「後で考えて書こう」は、どんどん記憶がうすれて書きづらくなることもあるので、早くさくっと出すことを優先。

TEACHERS' WORRIES

働き方 5

Q 休みたくても、事前準備とその後のことを考えると休めません。

A ふだんから「そのときのため」のプリントを共有。学級経営で、誰が代わりに入っても大丈夫な環境をつくっています。

「具合が悪かったら休んでね。年休は権利だから」

そう言われても、人は足りないし、みんなが忙しい状況で、他の先生に自習に入ってくださいなんて申し訳なさすぎて言えない……ってこと、ありませんか?

それに、休んだ翌日は遅れた分の埋め合わせでペースアップしなければいけないし、休んでいる間のトラブルも心配!

トラブルが起きてしまったら、その場は代理の先生に対応してもらっても、再度、担任が話を聞いたり、連絡しなければいけなかったり。結局、「あぁ、休まなきゃ良かった」となるわけです。

実際、無理をして休まない選択をすることも多々ありました。


でもあるとき、休みを取る先輩の言葉にハッとしたんです。

「あなたと一緒だから、私は安心して休めるよ」

自分のことを信頼してくれているのが嬉しかったし、そんな先輩に安心して休んでほしいと心から思いました。


無理なく休めるように体制を整えてほしいという望みはありますが、すぐにできることではないし、ましてや、自分ひとりでどうこうできるわけでもありません。

だから私は、誰かが安心して休める状況をつくれたことを喜べる自分でいたい。

隣の大切な同僚が安心して休めるような頼れる自分でいたい。

そして、隣の同僚を信じて休める自分でいたい。

それに、穴をつくらないために、周りに迷惑をかけないために、ぎりぎりの綱渡りを続けた結果、身体に限界がきてしまって、数日間休まなければならなくなったり、心の糸がプツッと切れてしまって、仕事に行けなくなったりすることもあります。

それで長期間学校に行けなくなるくらいなら、自分のためにも、子どもたちのためにも、他の先生たちのためにも、我慢しないで1日休んだほうがいい、と思うようになりました。

とは言っても、授業を引き継ぐのは本当に大変です。

実際、担任以外の先生に、それまでの内容や今後の見通しなどもわからないのに、「急にこの回だけ担当して」というのも、今の教育現場ではなかなかむずかしいですよね。

そのため、私が常に心がけているのが、**学級経営でガチガチなルールを作らない**こと。

「こうしなきゃいけない」「こうあるべき」をなくすことで、どの先生が授業を代わっても大丈夫な学級経営を心がけています。

そうすれば、いざというときにも頼みやすいし、他の先生の負担も軽くなるかなと思っています。

そして、そのうえで、**「休んだとき用のストックプリント」を常備。**

職員室内で共有できるフォルダーやUSBの中にいろいろなプリントを入れておいて、代わりの先生には「その中から使ってください」とお願いします。

こうした準備があるだけで、「いざとなったらプリントがある」と、休むことのハードルが少し下がります。

どの職場でもそうだと思いますが、**「私がいないとダメ」にならないように気をつけることが大切**なのではないでしょうか。

TEACHERS' WORRIES

働き方 6

Q 独身なので、いつも仕事を押しつけられている気がします。

A 仕事だけを切り取って見るのではなく、人それぞれに熱量の配分が違うのだと考えてみては？

わかります。

私も結婚したり、妊娠出産を経験したりする前は、「どうして若手ばっかり、こんなに仕事を引き受けなきゃいけないの？」と思っていました。

独身の自分にばかりしわ寄せがきて、「結局、学校を回しているのは若手なのかもしれない」とも思っていた時期がありました。

正直、そのときは屈折した気持ちもありましたが、ただ当時は、そうやって経験を積んでいくんだろうな、と自分を無理矢理納得させていたのです。

それが、自分が子育てをする立場になって初めて、あのときのことを振り返るようになりました。

「独身だから自分にばかりしわ寄せがきている」

そう感じていたあのときの自分に教えてあげたいです。

それは、子育てだけではなく、歳を重ねるごとにいろいろな顔が必要になってくるのだということです。

夫婦の顔だったり、親の顔だったり。子育てがなかったとしても、親を介護する子としての顔とか、地域とのつながりが必要な隣人としての顔とか。

自分が**若手のときは、100パーセント仕事の顔だけだったので、いろいろ引き受けたとしても100を全部、仕事だけに振り切る**ことができました。

でも、**いろいろな顔をもっている人は、仕事30、子育て30、介護に30、コミュニティに10という感じで割り振っています**。

仕事だけで見ると30にしか見えなくても、「その人にとってはトータルしたら

100なんだ」ということが、最近になってやっとわかるようになりました。

だからといって若手の仕事が減るわけでもありませんし、それが救いになるかどうかはわかりません。

でも、そう考えると、「この人にとって、今のステージでは仕事の割合が30くらいのときなのかも」と思えたりしませんか?

一方で、自分がお願いする立場になったときにも、子育てをしている人が独身の人に対して申し訳なく思うことが、どんな職場でもある気がします。

育児休業とか、産前産後の休暇とか、子育て中の時短とか、「権利」だから使うのに遠慮することはないし、悪阻《つわり》がひどいときに休むのも恥じることではありません。

でも、「権利だから当然」という気持ちが態度に出てしまったら、「それはちょっと違うんじゃない?」と反発されることも、やっぱりあるんじゃないかなと思います。

特に、しわ寄せがきて余裕がない人にはなおさらそう思われるだろうし、実際、私が若手のときもそう感じていました。それなのに、法律で決められた権利に異議を唱えるほうが悪者みたいに思えてくるし（それもそれで変な話ですけどね。当然の権利を当然のように使うことのできる社会や仕組みになってほしいな、とは日々感じます）。

自分も人にお願いしなければならない立場になった今なら、休む人の気持ちもわかるので、「仕事は任せて。安心して休んでね」と言えるようになりました。

逆に、自分の穴を埋めてもらったときは、「昨日はありがとうございました。大丈夫でしたか」と感謝の気持ちを伝える大切さもわかります。

また、助けてもらうばかりではなく、自分ができるときにできることを、「これは私がやっておきますね」と引き受けたり、他の人が休みやすい雰囲気をつくったりすることも意識的にやるようにしています。

そうやって、すべての先生が**「お互い様」という共通認識で仕事ができれば、きっと今まで以上にうまく回っていくのにな、と思うのです**。

TEACHERS' WORRIES
働き方 7

Q　こんなに大変な仕事だと思わなかった。もう辞めたい……。

A　そんなときは、「ない」もの探しから離れて、この仕事に「ある」ものに目を向けてみます。

学校現場のしんどさは、きっと経験してみないとわかりません。

特に、新卒ですぐに教員になった人ならなおのこと。

私も本当にしんどかった。

そして、そういうときはつらいところばかりに目がいってしまい、どんどん辞めたいゲージが上がっていってしまうのもわかります。私もそうでした。

企業で働いたのち、転職をして学校現場で働いている方々に話をうかがう機会がありました。

その話は、当時の私には衝撃的でした。

「企業に勤めていると、どうしても売上を追い求めたり、順位を競ったりしなくてはいけないときがある。それがつらかった。その点、学校現場ってやることが直接子どものため、学校のためになっているという実感がある」

「企業のときよりも収入は減ったかもしれないけれど、誰のために仕事をしているかがはっきりとわかるこの仕事が、自分には性に合っている」

さらに当時は、「仕事は週7日365日、昼夜問わず」だったり、「深夜の電話で、明日の朝から沖縄行って、なんてことは日常茶飯事。プライベートなんてないようなもの」だったり。

だから「自分の采配で定時に帰れたり、土日に休めたりする仕事はありがたい」と。

自分はつらいとき、しんどいとき、教員に「ない」ものばかり探していたのかもしれない。

教員だけが大変だって思っていたのかもしれない。

きっと、他のどんな仕事にも、しんどいこと、つらいことはあるはずなのに。

初めてそれに気づいたとき、ようやく**今の仕事に「ある」ものへ目を向けるようになりました。**

「ある」のはもちろん、唯一無二の子どもたちです。

子どもたちのかわいらしい言動や、できなかったことができるようになったときの感動は、他の仕事では得られないかけがえのない宝物。

そうだ、だから私は教員になったんだった。そう思い出すことができました。

そして、つらかったときにはまったく見えなくなっていた、その「ある」ものに感謝できるようになったとき、今まで感じていたしんどさ、つらさから、少しずつ距離を置くことができるようになりました。


私は学校現場以外の仕事を知りません。

でも、今はそれに引け目を感じることもありません。

だって、人はそれぞれ経験できることが限られているから。

それに、ひとつの経験を深めることも、いろいろな経験をすることも、それぞれにすてきなことだと思いませんか？

そして、教員一本でやってきた方、いろいろなお仕事を経験された方、いろいろなキャリア、いろいろな考え方の人がいる環境は、子どもたちのためにもなると思っています。


今、本当につらくて、しんどくて、苦しい状況なのだとしたら、自分の心と身体を守るためにも一旦、学校現場から離れてみるのも大切なことかもしれません。

その選択も、すごく勇気のいることだと思うから。

でも、それを決断する前に、ほんの少し立ち止まって、自分の今の仕事の「ある」ものを客観的に見つめてみるのはどうでしょう。
これからのことを考えるのは、それからでも遅くはないかなと思います。

COLUMN

小学校教員の手帳術

みなさんは学校生活のスケジュール管理、どうしていますか？
私は手帳で管理することが多いので、
その方法をここでご紹介します。

WEEKLY

1日ごとにタスクを管理。忘れっぽいので、
とにかくなるべく具体的に書きます。

その日にやることを、1日の予定の最初に書き出す。

仕事的に余白の日（バッファの日）を設けておく（←これ大事）。

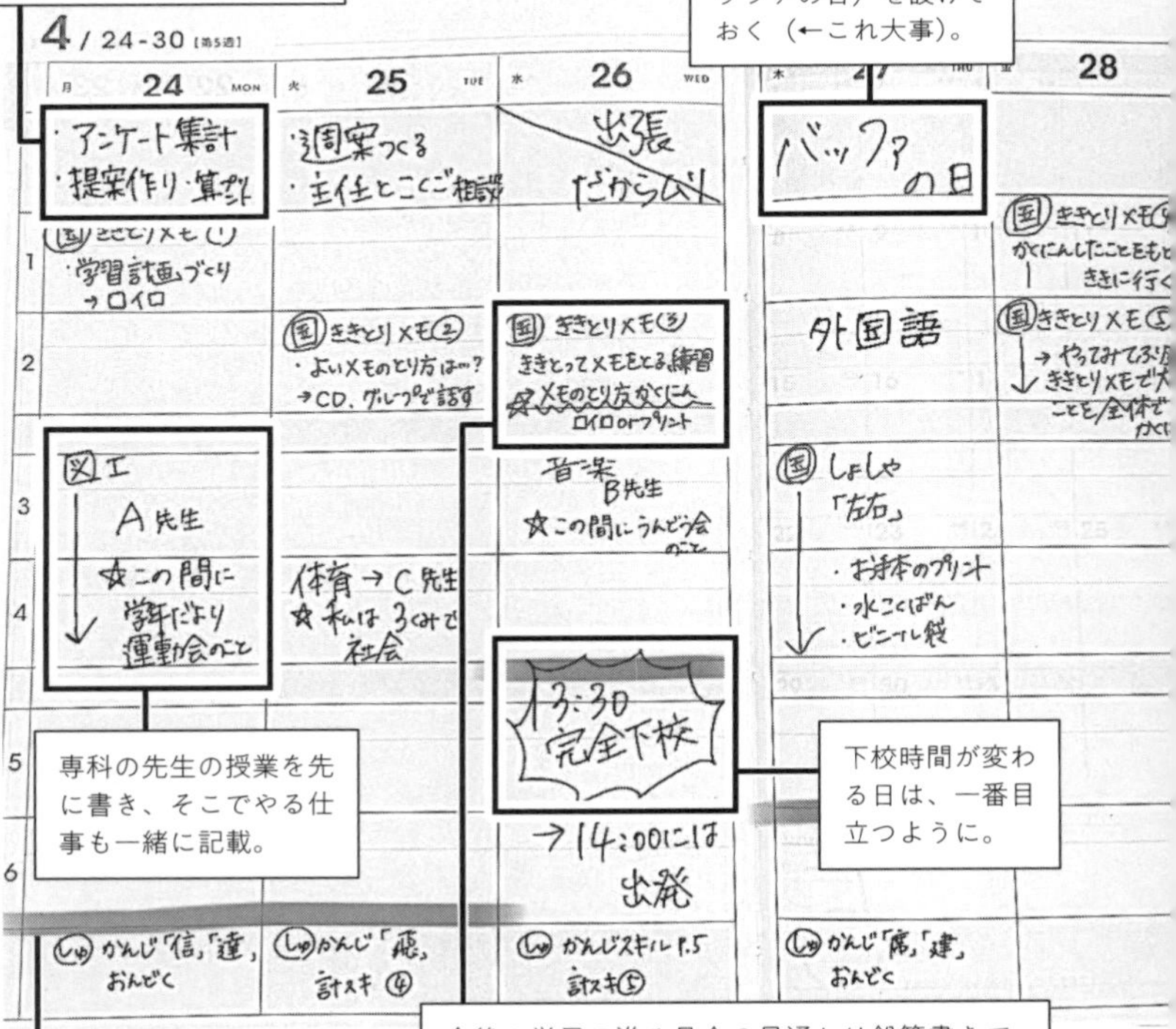

専科の先生の授業を先に書き、そこでやる仕事も一緒に記載。

下校時間が変わる日は、一番目立つように。

何時間授業かが一目でわかるように蛍光ペンでマーク。

今後の単元の進み具合の見通しは鉛筆書きで。
思った通りに進まなくても修正可能。

【手帳に授業のことを書く場合の内容】

- 何時間目か
- ざっくり何をするか（メモ程度）
- 必要なもの
- 評価すること

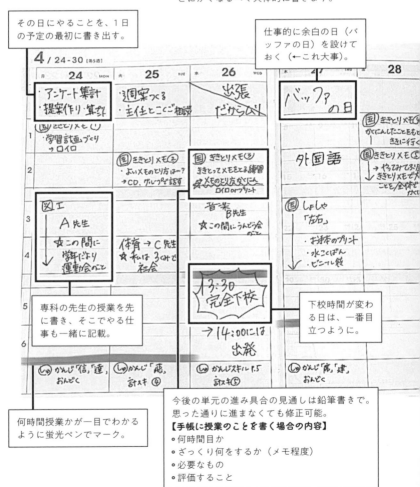

MONTHLY

年度初めにだいたいの年間予定を記録して、１年間の行事や予定を見通します。

年間予定に書かれていることを手帳に書き写すだけで、自分ごととしてとらえられる。

4 2023年 令和5年 APRIL
始業式
入学式
身体そくてい
全校遠足
MEMO
GW明けから うんどう会 れんしゅう はじめるらしい…
ここらへんで 曲もふりつけも 決めておくぞ

MEMO

そのうえで、行事ごとに必要なことをメモします。他に、メモ欄には思いついたことをどんどん書きます。所見に書きたいな、と思うことも記録。

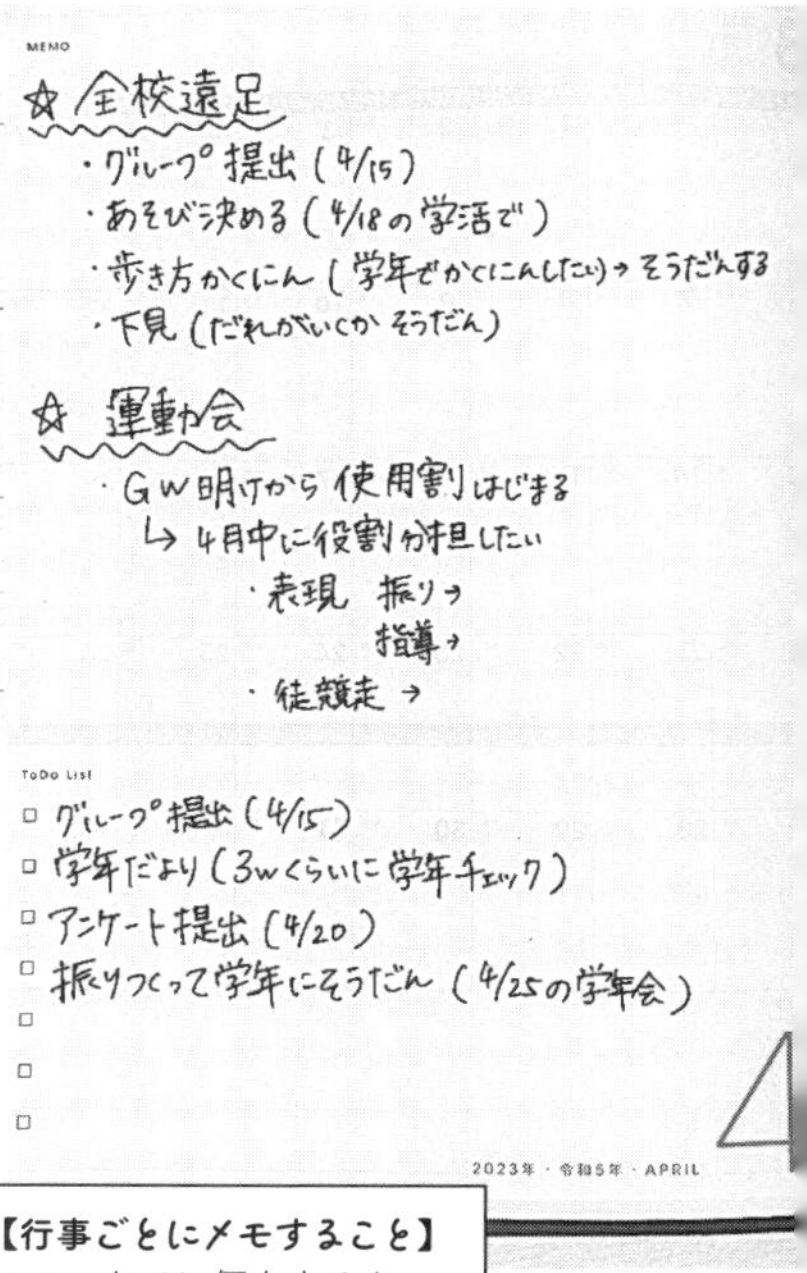
MEMO
☆全校遠足
・グループ提出（4/15）
・あそび決める（4/18の学活で）
・歩き方かくにん（学年でかくにんしたい）→そうだんする
・下見（だれがいくか そうだん）
☆運動会
・GW明けから使用割はじまる
↳4月中に役割分担したい
・表現 振り→
指導→
・徒競走→
ToDo List
□グループ提出（4/15）
□学年だより（3wくらいに学年チェック）
□アンケート提出（4/20）
□振りつくって学年にそうだん（4/25の学年会）
2023年・令和5年・APRIL

忘れそうなものはとにかく貼っておく！

何度も見直したいものは手帳に貼っておけば、探す手間もなくなります。

【よく貼っておくもの】

- 学年だより→マンスリーページに
- 行事予定→年間ページに
- 年間指導計画→表紙の次あたりに
- 大きな行事の提案資料（運動会や卒業式など）
- 基本的な時程
- 学校の住所、電話番号
- 教材会社の電話番号

【行事ごとにメモすること】

- いつまでに何をするか
- 相談すること
- 提案すること
- ひとりでやる作業

TEACHERS' WORRIES

第2章

「教室」がしんどい先生たちへ

TEACHERS' WORRIES

教室 1

Q ひとりで40人の子どもたちを見るのがしんどすぎます。

A 全部をコントロールするのではなく、絶対にダメなこと以外はゆるく見られる体制を。

コロナ禍の苦肉の策として実施された分散登校。正直なところ、私にとってあの分散登校は本当に幸せな時間でした。

40人を午前と午後に分けて20人。子どもたち一人ひとりにじっくり関わる時間が増えました。

授業準備の量もぐっと減った分、ていねいに教材研究もできました。

私のように感じた先生も、少なくないのでは……と思います。

1クラス40人という数字だけを見ても多いな、という印象ですが、さらに、子どもたちはそれぞれ個性も考え方も違います。

そんな子どもたち一人ひとりの個性を認め、伸ばしながら関わっていくことは、本当に大変。

一人ひとりきめ細かに……本当はしたいけど……なかなかむずかしい。

全部をコントロールしようとするのは大変だし、あれもダメ、これもダメ、とガチガチに縛るのも違うと思う（そして私は、それがすごく苦手でした。自分が一つひとつのルールを忘れてしまい、全部は継続できないのです……）。

だから私は基本的に、**目の届く範囲で自由。ここだけは絶対にダメというところにだけ柵を設けて、後は遠くから見守るような関わり方をしています**。

柵の基準は、「自分と人を傷つけない」。この柵さえ越えなければ、ある程度は大目に見ましょう、ゆっくり一緒に考えましょう、というスタンスです。

そうすることで、子どもたち自身が自分で考えて行動する余裕もできるし、そう考えられるようになってからは自分も楽になりました。

ちなみに、コロナ禍のメリットがもうひとつ。児童生徒ひとりに1台ずつ、タブレットが貸与されたことです。

手元のタブレットで、子どもたちが自分のタブレットに書き込んだ情報が共有できるので、ひとりずつ、5分、10分かけて指導する必要もなく、「この子はここで悩んでいるのかな」というようなことも文字通り手に取るようにわかります。

また妊娠中、「悪阻がひどくて歩き回るのは苦しいけど、子どもたちの思考の過程が見たいな」というときも、座ったまま、みんなのタブレットを通して見られるのは本当にありがたかったです。

そうやって、自分のできること、守りたいこと、効率良くできそうなことをちょっとずつ取り入れながら、子どものため、自分のために最善の方法を模索しています。

TEACHERS' WORRIES
教室 2

Q 何度言い聞かせても、子どもにわかってもらえません。

A 自分たちが関わるのは子どもの成長の一通過点、いつかわかってくれたら、と長いスパンで考えています。

「教育」って答え合わせをするのがむずかしい。

自分のやってきたことが本当に正解かどうかはわからないし、その正解は一人ひとり違うかもしれないし、仮に正解だったとしても、それがその子どもにすぐに伝わるとも限りません。

私が伝えたいことがすぐに伝わって、私と過ごす1年間で変わってくれるかもしれない。

次の年の先生と比べることで、気がつくことがあるかもしれない。

もしかしたら、成人になって初めて「こういうことだったんだ」とわかることがあるかもしれない。

結局私たちは、子どもが自分で気づいてくれるのを信じて待つしかできないんですよね。

そう頭ではわかっていても、目に見える答えを探したくなるし、自分がやったことを認めてほしい。

でも、評価がわかりづらいから、何が正解で、どうしたら評価されるんだろう、と苦しくなることもあります。

そんなとき、あるベテランの先生から言われた言葉があります。

「今のクラスの子どもたちは、その子たちにとっては長い人生のうちの1年でしかなくて、私たちは点でしかない。

そこでその子をいろいろと変えようと思うから、どんどん苦しくなってしまう。

だから、まずは学校が楽しくなるような場をつくってあげて、その先に、『こんな学びがあったかも』とか、『私はこうなりたい』とかって思ってくれれば万々歳じゃない」

この子のために、すぐにわかってもらわなきゃ、「こんなにやってはいけないことなんだ」と気づいてもらうために、ここはきつく言い聞かせなきゃ、と思うこともありました。

でも、その先生の言葉を聞いて、「きつく叱ったから伝わるわけではないし、本質がわからないまま怒られた印象だけが残ってしまうこともあるのではないか……」と思うようになりました。

だから今はまず、**子どもの言い分を聞いて、そのときにどう思ったのか、どういう気持ちだったのかを受け止めたり、認めてあげたりしながら、「でも、こっちのほうが良かったかもしれないね」と伝える**ように努めています。

もちろん、そのときに子どもがわかってくれれば嬉しいですが、時間が経たないと理解できないこともきっとある。伝わらないこともあると思うし、受け入れられない考え方だってあるはず。

自分がそう思えるようになってからは、**「いつか気づいてくれれば嬉しいな」という長いスパンで考えられるようになりました**。

私たちだって、いっときの行動で自分自身をすべて評価されたら、嫌ですよね。それって、きっと子どもも同じだと思うんです。

だから、毎回、「これはちょっと良かったかも」「イマイチだったから次は……」と試行錯誤を繰り返しながら、お互いに成長していけたらいいなと思います。

POINT

ゆきこ先生流 子どもとの関わり方

1 注意・指導は低音小声

大声は合わないし、しんどいから。

2 指導は短く、相談は長く

長く指導するのは双方しんどい。相談はガッツリ乗る。

3 基本的に寄り添う

自然と寄り添えるのが私の強み。

4 児童指導は基本横向き

自分の横に連れてきて話すと子どもは安心する。

5

自分の経験を交えて共感

私もあるよ〜、って言うだけで子どもはホッとする。

6

価値づけは本人自身へ

「すごいね」よりも「あなたがすてきだね」と本人の価値にする。

7

パターン化もあり

毎回同じ遊びや声かけなら、私も安心するし、子どもも意外と好き。

8

近すぎない距離感

近くなりすぎると指導を入れづらいときも。ほど良い距離感を大事に。

TEACHERS' WORRIES
教室 3

Q 子どもからひどい言葉を言われて傷つきます。

A 「先生」という人格を盾にしていろいろな切り返しのパターンをストックしています。

この仕事をしていると、子どもたちから心ない言葉を言われることがあります。ナイフみたいにグサグサってくるけれど、でも、そういう言葉でしか自分を守れない状況の子どもたちもいるんですよね。

自分の心がボロボロだから、自分を守るために必死に使っている言葉が、「死ね」とか「クソババア」なのに、関係性もできていないなかで「そんな言葉使っちゃダメ」と諭したところで聞く耳をもたないのは当たり前。

だって、子どものほうがもうボロボロだから。そうやって戦うしか術を今はもっていないから。

だから私たちは、そんな子どもたちの言葉だけにとらわれずに、適切なタイミングを見計らって指導する必要がありますよね。

ただ、そうだとわかっていても教員だって人間です。そんな言葉をずっと浴びていたら、こちらの心もボロボロになってしまう。

そこで私は、そうした**言葉のかわし方をいろいろストックするようにしました**。ときにはユーモアで返したり、つらいんだねと寄り添ったり。子どもが落ち着いたとき、適切な言葉の指導ができるタイミングで余裕をもつためにも、そういう準備が自分の武器になります。

そしてもちろん、自分のメンタルを労るためにも。

切り返しのパターンは、それまでの子どもたちとの攻防で、「これはいける」「これは使えない」といろいろ試していくと、「この子ならこうしたほうがいいかな」というのも少しずつわかるようになってきます。

例えば、学校中を走り回る子どもに「歩こうね」と注意すると、「うるせえ、クソババア」と返ってきたことがありました。

そこで、「クソきれいなお姉さんの間違いでは？」と言ってみたら、そんなことがきっかけで、その子が歩くようになったりするんですね。

「私に会いに来たのね。じゃあ、手をつないで歩いていこうか」と言うと、ちょっと嫌がる素振りを見せながら手はつながないとしても、一緒に歩いてくれることもある。

もちろん、それが通用しない子もいるし、通用しないタイミングもあるので、ケースバイケースではありますが。

いろいろな切り返しのストックがあるだけで、何か言われたときにグサっとくるのではなく、「どれを使おうかな」と思える心の余裕も出てきます。

それに、そもそもの大前提として、子どもたちが心ない言葉を向けている相手って、「私」ではなく「先生」なんですよね。

子どもたちにとっては無意識かもしれないけれど、私個人を傷つけようと思って言っているわけでは、決してないと思うんです。

だから、**何か言われたときは、「ゆきこ先生」を盾にして、「あなたが文句を言いたいのはこっちでしょ?」と、私個人と切り離して考える。**

そうすると、ひどい言葉もそれほど気にならなくなってきます。

じゃあ、ユーモアで返すだけで言葉の指導をしないのか、と言われたら、そうではありません。

人を傷つける言葉であれば、もちろんします。

だけど、言われたその場で指導するのが、その子にとって適切なタイミングでないときもあるでしょうし、自分自身がショックを受けていたり、カッとなっていたりするときに指導をしても、うまくいかないことのほうが多いと感じます。

だから余裕をもって、適切なタイミングを見極められる自分になるために、子どもたちとの関わり方のストックをもっておくことはおすすめです。

POINT

子どもにひどいことを言われたときのかわし方

1 「ウザい」と言われたら

何か指示を出したとき、注意をしたときに言われがちなのがこの言葉。
ウザくても、やってもらう必要があるときは……。

1. 「ウザくても続けますね」
2. 「仕方ない！」
3. 「ウザいんだね」とリピートする
4. その言葉に取り合わない

2 「だまれ」と言われたら

注意するたびにしょっちゅう言われる言葉。
でも、だまってはいられない状況も現場にはたくさんあるんです。

1. 「あなたに必要だと思うのでだまりません」
2. 「しゃべる」
3. 「耳が痛いことだよね～でも続けますね」
4. その言葉に取り合わない

3

「死ね」と言われたら

よく言われるランキング上位の言葉。
真に受けると苦しいので、一旦徹底的にかわします。

1. 言い返さない
2. 「そんなこと言われても死ねないし、死にません」
3. 「死に際は自分で決めます」
4. 「嫌なんだね、つらいんだね」と言い換える

4

「だるい」と言われたら

何か指示を出すたび、呼吸をするかのごとく「だるい」と言う子、いますよね……。

1. 「でも、やろうとしているね」
2. 「めんどくさいよね」
3. 「じゃあ、私と一緒にやる!?」
4. その言葉に取り合わない

5

「クソババア」と言われたら

この言葉も本当によく言われます……。
だから、ニコニコ返せる切り返しをいくつかもっておくようにしています。

1. 「ババアは認めるがさすがにクソではない」
2. 「クソきれいお姉さんの間違いだと思うよ……？」
3. 「はい、クソババアです！」
4. その言葉に取り合わない

6

言われたときや言われた後の自分自身のケア方法

急に言われると、人間だからやっぱり傷つく。
だからこそ、自分自身もケアしてあげることで落ち着いて対応できるんです。

1. 深呼吸
2. 同じ学年の先生に話す
3. 頭にもうひとりの自分をつくってナレーションさせる
4. 私自身にではなく「ゆきこ先生」に言った言葉ととらえる

⑦ 言われたときの対応で気をつけていること

私がなかなかうまく対処できなくて、
どんどん沼にはまっていたときに心がけるようにしたのがこれ。

1．言葉の指導をするとしても、その場ですぐにはしない
2．相手をよく観察
3．本人が苦しいと感じる部分を分析し、次の対応につなげる
4．同じ土俵に上がらない

⑧ 最後に

ひどいことを言われた日は「自分、よくがんばった！」と、
ハーゲンダッツを買って帰る。
ここまでが仕事、ととらえています。

TEACHERS' WORRIES

教室 4

Q 学級が荒れているのって担任のせい？ しんどくて辞めたい。

A 学級経営に完璧を目指さない。あえてざっくりした経営で、不安は早めにシェアして。

子どもが話を聞かない。授業中に座らない。子どもに暴言を吐かれる。これっていわゆる学級崩壊？

つらい、しんどい、明日もあの教室で1日過ごすと思うとぞっとする。

そんなときに先輩の先生から言われたとどめのひと言。

「子どもが荒れているのは、先生の力量不足。先生の責任です」

もう、辞めたい……。

先輩の言わんとしていることはわかります。

落ち着いて考えれば、学級経営は担任の仕事のひとつ。

例えば、授業の始まりの時間は厳しいくせに、終わりの時間は「ごめん、もうちょっと」みたいなことばかり続けていたら、子どもたちだって不満が募りますよね。

もちろん、それだけが原因ではないけれど、そんなちょっとしたことが積み重なった結果が、クラスの荒れなのかもしれない、と思っています。


私も学級経営がうまくいかず、悩んだことがありました。

うまくできていなかった原因はいくつかありますが、一番大きな原因は、完璧な学級経営を目指していたこと。

完璧、というのも人によって違うと思いますが、私の場合、美しい教室で、授業中はみんなまっすぐ手を挙げて、活発に発言して、給食も残さず食べて、掃除も隅々まで行き届いて、というような、いわゆる見栄えのいい学級が良い学級だと思っていたのです。

2つ目の原因は、そんな大それた学級経営を目指していたのに、私がしていたのは「これしなさい」という子どもへの指示と、それができなかったら厳しく叱るという二択だけ。他に自分の持ち札がありませんでした。

そして3つ目は、他の先生に「できません」「助けてください」が言えなかったことです。

そこで、私はまず、「完璧な学級経営」を手放しました。

私の場合ですが、理想の学級経営って、子どものためというよりも、「先生としての評価のため」だったんですよね。

周りから、「ちゃんとできているね」「先生なら安心」と言われたかったんです。

でも、私ができることは、子どもたちを厳しく管理するような方法だけだった。

そう気づいてからは、前述のように**「絶対やっちゃダメ」という大きい柵以外は、全体をゆるく見渡せる学級経営に変えました。**

次に、自分の持ち札があまりにも少なかったのを反省して、自分の武器を増やすようにしました。

素晴らしい学級経営を実践されている先生ほど、土日にいろいろな勉強会に行ったり、いろいろな手法や新しい教育の考え方を取り入れたりと、努力しているんですね。ベテランの先生でも、いいと思えば、若手の先生がやっていることを「それいいね」とすぐに取り入れています。

決してガチガチに管理せずとも、自分のやりたいことができる方法って、意外とたくさんあるんです。

そうやって自分から学びに行くことで知った教育実践が、私の学級経営を変えてくれたんだと思います。

どんな状況でもいろいろなカードが切れる先生たちのクラスは、子どもたちの表情

ました。

がおだやか。

たくさん学んで、自分の持ち札をたくさんもつことは、本当に大事なのだと実感しました。

3つ目の「周りに助けを求められない」のは、これが致命傷になるケースも少なくありません。

そう言う私も、「助けて」とか「できません」が言えずにぎりぎりまで孤軍奮闘した挙句、心の糸がプツッと切れてしまって、学校に行けなくなったことがありました。

でも今は、「無理そう」と思う前の段階、「不安だな……」くらいのときからそれを隠さず、同じ学年の先生に、「今、こんなことがあって」とカジュアルにシェアするように自分の意識を変えました。

相談すれば、他の先生方からいろいろなアドバイスをもらえます。

それですごく救われるようになったし、プツンと切れてしまう前に、なんとか乗り切れるようにもなりました。

でも、「できません」と言うのが怖いことってありますよね。

「こんなこともできないの？」と思われたら嫌だな、とか「こっちのクラスのほうが大変なのに……」と思われたら苦しいな、とか。

だからこそ、**早め早めに、カジュアルに世間話程度に相談できる段階で、ガンガン相談しておくのが大事なのかなと思います**。


今、「もう無理」「つらい」「しんどい」と思っている人がいたら、信号が完全に赤に変わってしまう前に、黄色信号で足を止めて、周りに吐き出してほしい。

それでもダメなら休んだっていい。

一日離れてみることで、わかることや気づくこともたくさんあるから。

戦線離脱した過去がある私だからこそ、「休んでも実りはある」と伝えたいです。

TEACHERS' WORRIES

教室 5

Q 子どもたちになめられて言うことを聞いてもらえません。

A 対応の仕方を学び、技術を磨くことで怖い先生じゃなくても、なめられなくなるかわし方があるはず。

私は身長がそれほど高くありません。

初任で小学校に赴任したとき、6年生の身長がとても高くて驚いたことを覚えています。私と同じくらいか、それよりも高い児童もたくさん。

子どもを注意するときは「見上げて注意」という構図で、童顔も手伝ってちょっと威圧的に叱ったところで効果はなく、そのうえ、先輩の先生からは、「先生が怖いって思わせるのは大事だよ」と言われて傷つくこともありました。

でもあるとき、高学年の子どもから**「先生って怖くないけどしつこいよね」**と言われて。

その子どもからしたら「鬱陶しい」という意味で言ったのでしょうが、そのときに、「しつこく言うことで、渋々でもやって（やめて）くれればいいや」と思うようになりました。

それからは、**「怖い先生になろう」と考えるのをやめ、「何度でも言いますからね」と淡々と言うように努めています。**

ちょうどその頃、学校の生徒指導提要に、「毅然とした態度で子どもたちと接する」という内容が頻繁に出てきていました。でも、この「毅然とした態度」に、怖さや威圧感は必要ないのかもしれません。

「子どもがどんな態度を取ってきたとしても、自分の対応や伝えたいことを変えない」という態度を貫いていたら、そのうちなめられなくなりました。

そもそも私は、「背が低いから」「童顔だから」「若いから」を理由に、「だから私はなめられるんだ」と思っていたんですね。でも、背が低くても、童顔でも、若くても、なめられない先生はたくさんいます。

私は、そうやって自分の特性のせいにして、自分の技術を磨くことから逃げてしまっていたのだと思います。

「なめられないようにしなきゃ」ということではなく、私にしっくりくる子どもへの対応の仕方を勉強して、模索して、実践していくなかで、気づいたら「なめられなくなったな」とも感じます。

「なめられないように！」とがんばることを手放したとき、やっとなめられなくなった。そういうことなんだと思います。

TEACHERS' WORRIES
教室 6

Q 「授業がつまらない。去年の先生が良かった」と言われました。

A 去年の先生のやり方を貪欲に取り入れつつ、まずは自分の好きな教科から教材研究をがんばってみる。

先生になって2年目、高学年の担任になりました。そして担任になって数週間後、ある子どもに言われました。

「先生の授業、つまらないしわかりづらい。去年の先生のほうが良かった」

言われたときは頭が真っ白になって、その後どうやって授業をしたのか思い出せません。でも帰りのバスでわんわん泣いたことは覚えています。

「2年目を20年目と比べてつまらないとか当たり前じゃない!?　2年目の私にどうしろって?」

確かに、前年度はいわゆるカリスマ先生が担当していたし、私の隣のクラスもすごく評判がいいベテランの先生。そんななかで、私だけが何もできなくてつらかったです。でも一方で、負けず嫌いだった私は、そう言われる自分が悔しくてたまりませんでした。

泣くだけ泣いて嫌な気持ちを吐き出した後は、「2年目とか20年目とかは関係ない。あの子たちの1年間は私がやるしかない」「比べられようとダメと言われようと、自分がそこを超えていくしかない」と開き直ることにしました。

それからは、去年の担任に、「去年はどういう状況だったんですか?」「どうやったらうまくいったんですか?」と、とにかくしつこく聞きまくりました。

それと同時に、「とにかく勉強しなきゃ追いつけない」と、いろいろな先生の授業を見て、勉強会に参加して、授業では子どもの反応を見て、次の日には改善して……と授業改善に力を入れ、教材研究に打ち込みました。

教材研究はいきなり全教科も大変なので、まずは自分が好きな社会の教材研究だけはとことんやろうとがんばりました。

そのうちに、はじめはなかなか関係が築きづらかった子どもたちが、社会の授業だけはすごく前向きにやるようになったのが本当に嬉しくて。

そうやっていねいに教材研究したエッセンスは他の教科にも取り入れて、ちょっとずつ自分の授業力が上がっていくという達成感も味わうことができました。

そして、自分の逃げ道をつくらないために「去年のほうが良かったとか、去年のほうが楽しかったとか、私の授業がつまらないとか、いろいろ言われるんですけど、3月にはそう言われないクラスにします」と周りに宣言。2年目の若造が、です。もっとも、そうしないと自分が立っていられなかったからかもしれません。

そうこうするうちに、気がついたらもう3月。

その頃には、「授業がつまらない」と言う声は聞かれなくなりました。

それだけでなく、子どもたちから「楽しい」と言われることもありました。

はじめは自分の意地もあったけれど、みんなに「授業が楽しい」と言われたくて、ちょっとでも授業に食いついてくれたら嬉しくて、子どもたちにとってベストの授業をもっともっと見つけたい。心からそう思いました。


あの子があのとき、「授業がつまらない」と言ってくれなかったら、私はずっと変わることができなかったかもしれない。

本当の意味で、子どもの言葉に耳を傾けられるようになったのも、それがきっかけだったかもしれません。


当時は、私のやり方を否定されたようで悔しい思いもしました。

でも、子どもたちにしてみれば、去年のシステムで居心地が良かったのに、それを変えられて「えっ？」と思うのも当然です。

そもそも最初から「去年はどうでした？」と聞けばよかったし、「あの子たちは自分で調べるのが好きだよ」と教えてもらっていれば、早い段階で、「子どもたちが舵を取る授業を増やそう」と気づくことができたと思います。

子どもの言葉には、自分を成長させてくれるヒントがたくさん詰まっています。

つい聞き流してしまいがちだけれど、いつになっても子どもの言葉を素直に受け取れる自分でいたいなぁと思っています。

TEACHERS' WORRIES

教室 7

Q　特別な支援が必要な子と、どう接していいのかわかりません。

A　みんな同じ、はもうやめよう。子どものしんどいポイントに寄り添ってあげればきっと、大丈夫。

「足が不自由で歩くことが大変な人が『エレベーターを使わせてください』と言えばみんな快くOKするのに、『発達の特性で長めにクールダウンする必要があるので時間と場所をください』だと、『それは特別扱いだ』と言う人がいる。配慮を求めているのは同じなのに、見えないことになるとすごくむずかしくて悔しい」

ある特別支援学級の先生から言われた言葉です。私も思い当たることがあって、そのむずかしさを痛感しています。

運動会の閉会式で、「疲れた」と座り込んでいる子どもがいました。他の子どもたちも疲れているなかでがんばっているし、保護者たちの手前もあって「特別扱い」しないよう、「あともう少しだけがんばろうね」と声をかけました。

するとその子は悲しい顔で言いました。「もう十分がんばっているのに」

そうか、「がんばっていない」と思うのは私の勝手な思い込みだった。

ここまで一生懸命がんばってきた子どもに気づけないのは、私のほうだった。

そもそも、その子のがんばりと他の子のがんばりを比べること自体が間違いで、その子の想いを汲み取ることもせず、大人が決めたがんばりどきに合わせるように仕向けてしまった……。

そう気づいてすぐ、「そうだね、もう十分がんばったね。そこにいるだけでがんばっているね」と言い換えました。

よくよく考えれば大人だって、もうこれ以上ないくらいがんばっているときに、「もう少しがんばれ」「今ががんばりどきだぞ」などと言われたら、キツイですよね。

「みんなと合わせなきゃいけない」というのが大前提で、そこから外れる子がいたら周りに迷惑がかかる、という思い込み。

かといって、その子にばかり手をかけると「特別扱いしている」と言われかねないので、あえてみんな同じように接してしまう。

そういう意識が染み付いているから、周りより少し支援が必要な子どもにもつい、「みんなと同じ」を強要してしまうのかもしれません。

でも、本当は先生だってもっと一人ひとりと向き合いたいし、みんなが同じように（画一的に）育ってほしい、なんて思う人は誰もいないはずです。

けれど、1クラス40人全員の個々を尊重するよ、と言えるような余裕もないから、先生たちも悩むんですね。

特別支援学級の先生が言いたかったのも、きっとそう。

人はそれぞれに違う「しんどいポイント」があって、私たちはそのことをちゃんと

想像して、できることがあれば、そのしんどいポイントを軽くできるようなお手伝いをする。

配慮って、そういうことではないのかな、と考えています。

だから私は、「みんなと揃えることが正しい」と考えるのはやめました。

いろいろな個性、いろいろな長所、いろいろな特性をもちながらそれぞれにがんばっている子どもたちが不快な思いをしないようにしたい。そのためにも、私たちが適切に配慮できるようにしていきたい。

そう強く思います。

TEACHERS' WORRIES

教室 8

Q 子どもから一瞬も目が離せず、トイレにも行けません。

A 不在の間も安心な学級経営を目指しつつ いろいろなセーフティネットを使って乗り切っています。

先生の仕事って本当に休み時間がありません。

先生を始めて1年目、先輩から「教員がなりやすいのは、脱水症と膀胱炎だから気をつけてね」と言われたことがあります。

確かに、水を飲む時間はないし、トイレに行く時間すらもなかなか取れない。というか、トイレに行けないから水が飲めない。

5分休憩は次の準備をしていたら終わってしまうし、中休みや昼休みだって子どもたちの聞き取りをしていたらもうチャイム……ということも珍しくありません。
それに、たまたま教室を離れた数分間に子どもがケガをしたらどうしよう、と考え始めたら怖くて教室から離れることもできませんでした。

女の子の日はさらに大変で、初任の頃は本気で「いつトイレに行って、どこで替えればいいんだろう」と思っていました。

トイレ問題だけでなく、精神的なイライラは募るし、身体がしんどいから立っているのもつらいし、体育の時間なんて動けないし、動きたくないけど、動かないといけなくて、無理をしてもっと体調を崩してしまうんですよね。

1クラス40人の子どもたちの命を守る立場としては、ある程度過酷な状況であってもそれをおろそかにはできないし、とはいえ人間の生理的な現象は抑えきれないしで、本当に悩ましい。

これについては根本的な解決策はなかなか見つかりませんが、やっぱり基本は学級経営かな、と思います。

担当する学年やクラスによっても違いますが、一瞬たりとも目が離せないようなクラスは、とにかくケガにつながるものが置かれていない教室環境をつくっておくとか、休み時間も少しずつ落ち着いて行動できるように指導するとか。

「ちょっとくらい席を外しても大丈夫」な状況をつくっていくのが理想です。そのうえで、女性なら身体のリズムに合わせて授業の予定を組むとか、そのときの状況に応じていろいろ試行錯誤しています。

そして、子どもたちに「トイレ宣言」して、フォローしてもらう体制を整えておくのもひとつの手段。

私はお腹が弱いので、どうしても我慢できないときは授業中、子どもたちに「ごめん、ちょっとトイレ行ってくる」と断ってから駆け込みます。

同時に、内線で管理職に「お腹が痛いのでトイレに行ってきます」と伝えます。

そうやって助けを借りながら、毎日を乗り切れたらいいなぁと思います。

TEACHERS' WORRIES

第3章

「職員室」がしんどい先生たちへ

TEACHERS' WORRIES

職員室 1

Q　高学年の担当をしないと仕事ができない、と言われ落ち込みます。

A　どんな学年でも自分がやれることをまっとうする。どの学年にも、それぞれに大変さとやりがいがある。

「低学年の担任って、仕事ができない人か仕事しない人がやるよね」

教育現場の人に言われた言葉です。

「低学年はできない人がやる」という高学年担任至上主義みたいな考えをもつ先生が、学校現場にいるのは事実です。

この発言も、そういう先生たちに囲まれていたから出てきた言葉なんだろうなと思います。

確かに、高学年の担任は多忙です。

1年生なら5時間目で授業が終わりますが、高学年になるとほぼ毎日6時間授業。6年生は修学旅行や卒業式、それに付随する卒業文集の作成や、委員会や運動会などなど、学校全体を動かさなければいけない仕事も増えてきます。

それに、最高学年の6年生の態度や様子で、その学校の評価が決まってくると思っている先生も少なからずいます。

身体が成長して、言葉も達者になって思春期に突入。そのうえ授業もむずかしくなる。そういういろいろなことが重なって、「6年生をもてたら一人前。高学年をもてないのはできない先生」となるようです。

そういう状況はわかっていても、冒頭の言葉はやっぱり悲しかったです。

あぁ、やっぱり学校ってそういう評価なんだな、と。

でも、そんなとき、以前担任していた子の保護者に声をかけられました。

「大変だった子どもがこんなにすてきな6年生に育ったのは、低学年のときにゆきこ先生にしっかり育ててもらったおかげです。やっぱり積み重ねって大事ですね」

このひと言ですごく心が軽くなったし、同時に大切なことにも気づかされました。

そうか。**別に低学年の担任がダメとか、高学年の担任がすごいとかではなくて、どんな学年でも自分がやれることをまっとうすることが大事なんだ。どの学年でも一年一年の積み重ねが子どもたちを成長させていくのだから。**

そう思えたとき、ようやく高学年神話も気にならなくなりました。

実際、低学年の積み重ねが本当に大事だと考える校長先生は、低学年こそ力量のある先生で固めて盤石な体制にすることもあるようです。

また、何年も続けて低学年を担当する1年生職人のようなベテランの先生もいて、そういう先生は「低学年でしっかり土台をつくる」ことが最大のミッション。

学年にひとり、そういう先生がいるだけで、保護者だけでなく他の若い先生も頼れる安心感がありますよね。

だから私は、任されたポジションに責任をもって、できる限りのことをしたいです。

ただ、このような考えが限られた場所ではなく、全国的に広まっている状況だとしたら、個人の問題だけではなく、学校現場全体の仕組みの問題もあるかもしれません。

だから、個人の努力とは別に、高学年の先生にばかり仕事の負担がいかない仕組みづくりができるようになればいいな、と思っています。

TEARCHERS' WORRIES

職員室 2

Q―特別支援学級は通常学級の担任ができない人がすると言われます。

A―どちらの担任も大変さのベクトルが違うだけ。経験のない人の言葉は気にせず、自分が置かれた場所に誇りをもって。

私が特別支援学級の担任になったとき、心ない言葉をかけられ、そのたびに悲しい思いをしました。

「学級担任に疲れたから特別支援学級の担任になったの？」

「特別支援学級って人数が少ないし、通知表とか楽そうだよね」

「若いうちから特別支援にいると、通常学級の経験ができなくなるよ」

「特別支援はもう十分経験したでしょう？　早く通常学級に戻っておいで」

通常学級担任は花形、特別支援学級の担任は楽で、できない人が行くところ……。前述の高学年神話と同じ構図ですが、実際にそうした考えをもつ先生もいます。

1クラスの人数が通常学級の4分の1しかいないから成績をつけるのも楽だろう、とか。

通常クラスで30人、40人を見ることができない人でも、少人数の特別支援学級なら見られるだろう、とか。

前にも触れましたが、私が教師になったきっかけのひとつに、自閉スペクトラム症の弟の存在があります。それもあって特別支援学級への想いは人一倍ありました。

でも実際は、特性も支援の方法も全然違う子どもたちへの対応や、一人ひとりの実態に応じた授業づくり・教材づくりも、全教科を文字で書かないといけない成績づけも、想像以上に大変でした。

なのに、それを一度も体験したことのない人に、特別支援学級は楽だと言われることが悲しくてたまりませんでした。

でも、そんなことを言われたときは、一緒に特別支援学級の担任をしていた先輩の言葉を思い出すようにしています。

「私は特別支援学級の担任を誇りに思うし、子どもたちもこの学級で学ぶことに誇りをもてるようなクラスにしていきたい」

そう言える先生は本当にかっこ良かった。

そして私も、**周りからの言葉に悲しむのではなく、目の前の子どもたちがこの学級に誇りをもてるような指導をしていこう**と、切り替えられるようになりました。

今はただ、「経験していないからわからないだけ」と思うようにしています。

通常学級と特別支援学級のどっちが上とか、どっちが大変とか、そんなことは関係ない。

どっちも大変なことに変わりないし、その大変さのベクトルが違うだけ。

経験しないと理解しづらいこともあるけれど、自分が置かれた場所に誇りをもって、お互いの立場を尊重し合えるといいなぁ、と思います。

POINT

特別支援学級の担任をしたから経験できたこと

1 一つひとつできるようになるステップを学べた

「これができるようになるには、これを指導」という系統性を学んだことが、通常学級で活かせるようになった。

個別に指導するとき、すごくスムーズに。

2 一人ひとりを見る目を養うことができた

翌年、通常学級で子どもたちを見るポイントがわかった。

だから、よりていねいに子どもたちの様子を見ることができて、その分、所見もすごく書きやすくなった。

3 教材づくりのむずかしさと楽しさを再認識した

知的の特別支援学級は自作の教材で学習できる。

はじめはその自由さに苦しんだけど、自分で教材をつくるのは楽しかった。

これは通常学級ではなかなかできない。

4

譲るところと譲らないところの加減を学んだ

全部は求めない。だけどここは譲らない。
線引きはここで学んだ。

5

さまざまな学年、さまざまなクラスに入ることができた

教える立場ではなく、子どもの視点も交えて入るからこそ、
学びも大きかった。

6

特別支援の立場で交流学習について見ることができた

「学級担任をやったら、ここに配慮しよう」と思いながら
交流学習に臨むことができた。

7

一緒に組む先生と協力するとはなんぞや、を学んだ

特別支援学級は一緒に組む先生とどれだけ協力できるかが大事。
意思疎通の図り方、フォローの仕方がとても勉強になった。

TEACHERS' WORRIES

職員室 3

Q 定時を過ぎてからの学年会議、帰りたいのに言い出せません。

A 無理なことはきっぱり断る。その代わり、できるときにできることを手伝うようにしています。

「働き方」の章でも触れましたが、定時を過ぎてからの会議って本当に多い。物理的にそこしか時間が取れない場合もときにはありますが、それが日常的になっているケースも多々あります。

誰にでもプライベートがあって、育児や介護など、さまざまな事情を抱えている人もいるのに、二の次、三の次になることもありますよね。

特に若手の頃は職場の人間関係を円滑にしたくて、つい、いい顔をしてずるずると言われるがままに残業会議。

そのうちその状況にも慣れてしまい、気づけば本来の自分の仕事さえ後回しになって、生活だけでなく精神的にも荒《すさ》んでしまうという悪循環。

これじゃいけない、と思っても、断れない自分がいて。

これは、かつての私です。

それが、きっぱりと断れるようになったのは、あるママさん先生の行動に感じるところがあったから。

その先生はお子さんがいるので、基本的に夜は残れません。

ある日、同じ学年の他の先生が、夜遅くに学年会をしていろいろなことを話し合って決めていました。

それを、「こういうふうに決めました」とママさん先生に連絡したところ、「夜にそういう話をされても私は関われません。そうやって進めたいならみなさんでやってください」ときっぱりと言ったのです。

ママさん先生は、ふだんは物腰が柔らかくて優しい方です。にもかかわらず、あんなにきっぱりと言うなんて、と驚いたのと同時に、**必要なときに「自分はできません」と主張するのは大事なんだとも思いました**。

それ以来、私も「平日の残業はむずかしいので」とはっきりと伝えることにしています。

ただし、頑なに自分の主張を通すのも違うと思うので、イレギュラーがあるのは想定内。急ぎの用件だったり、大事な案件だったり。仕事なので、そういうことはもちろんあります。

「今日だけ6時までいい？」と言われれば、「大丈夫です。いつも気にしていただいてありがとうございます」と快く出席します。

お互いに、勤務時間外に会議をすることは当たり前ではない、という意識をもっておくのは、きっと大事なことですよね。

ニコニコ笑顔でいることは大切ですが、できないことまでニコニコOKしていると、後で自分が大変になるだけ。

ダメなこと、無理なことははっきりと声に出して言う。そのうえで、周りへの感謝も忘れずにいることが大切なのだと思います。

POINT

17時台に帰るために、職員室のコレやめました

定時帰りを実現させるには、自分の行動もしっかり見直す必要あり。

私が実践している「定時帰りのために手放した7つの行動」がこちらです。

1 作成時間がダラダラと長いワークシートづくり

本当は作成よりも構想に時間を取りたいところ……。

なるべく汎用性の高いワークシートテンプレートを作ることで作成時間を削減。

2 人事ウワサ話＆人事予想に参加

「○○先生○年らしいよ」

「○○先生△年なら□□先生●年だな……」

永遠に終わらないので積極的に参加はしない。みんなこう思っているんだな、程度にとどめる。

3 「○○先生が残っているから」という理由での残業

ときには必要。だけど、その理由だけでいつも残業して、
それに縛られてモヤモヤイライラするくらいなら、一度、思い切って帰ってみる。

4

悪く思われたくない、という理由での残業

嫌われたくない、陰口を言われたくない、仕事できないと思われたくない。遅く残るほど、人の評価や中傷を耳にすることが多くなるので、余計に早く帰るのが怖くなる……。でも、耳にしなければ悪口を言われなかったも同じこと。気になるときこそ早く帰る。

5

放課後に全部丸つけ

ゆっくり、じっくり、見たい気持ちもあるけれど、放課後に全部やろうとするといつまでも終わらない……。なるべく子どもたちのいる時間に丸つけ。一緒に丸つけをすることが多い。

6

今抱えている仕事を全部終わらせてから帰宅

仕事はどんどん増えるけれど、「すぐやる仕事」と「後でやってもいい仕事」に仕分けするのはすごく大切……（詳しくはP110参照）。百円ショップで2段の棚を買って、上は今日やる仕事、下は後でやってもいい仕事、と分けていたこともあります。

7

毎日定時に絶対帰らなきゃという義務感

逆説的ではあるけれど、こうやって縛りすぎても逆にしんどい。

そして仕事がリバウンドしがちに……。「遅くなるときもある」と構えていると気持ちも楽に。

私もしばらくは「お仕事チートデイ」をつくっていたことがあります。

週1回は好きなだけ残ってもいい。だけど他の日は定時に帰る。

そうすることで、定時に帰ることへのハードルが下がり、後ろめたさも減りました。

POINT

早く帰るための
仕事の選別、私の基準

すぐやる仕事
☑ 期限が**1週間**以内
☑ 期限はまだ先だけど**15分以内に終わる**もの
☑ **好きなこと**→早く終わらせてむしろ手伝う
☑ **丸つけ**→たまるとしんどい
☑ **人が関わる**こと

後でやる仕事
☑ 期限が**まだ先**、かつ、ちょっと大変
☑ **苦手なこと**→分けて少しずつやる
☑ 自分**ひとりで**やれること
☑ **15分以上**かかりそうなこと

以上、ぜひお試しを!

TEACHERS' WORRIES

職員室 4

Q―授業や学級経営で自分のやりたいことができません。

A―自分の強みを封印する必要はなし。スタンダードな部分は揃えつつ、譲れないところは主張して！

「そこまでするると、来年の担任が大変になるんだけど」
「ここまでやって、来年度もそれが当たり前って思われたら困るよ」

これも結構言われ慣れている言葉です。

前年度の先生がやったことが基準になって、保護者から「去年の先生はここまでやってくれていましたが……」と言われると、今年度の担任の先生が困ってしまうこともあるから、あんまりやりすぎないでね、という意味。

私は学級経営のルールは本当にざっくりでしたが、子どもや保護者一人ひとりとじっくり話すことは大好きだったので、必要なときは、たくさん時間を使って話しました。

でも、それを見た他の先生に、「次年度の担任も同じことを求められたら大変でしょう？　だから少しセーブして」と言われたこともありました。

もちろん、その考えもよくわかります。私もベテラン先生の後を引き継ぐときは、さまざまな基準が高くて苦労しました。だから、若手のときは周りのやり方に揃えようと必死でした。

周りに揃えたことで、自分にはない技が身につき、結果的に時短につながることもありました。

でも、先生が違えば、学級経営や子どもたちとの接し方、保護者対応や授業の方法も違うのは当たり前。

私は毎日は子どもたちと一緒に外で遊べないし、毎日、日記にたっぷりコメントを書くこともできないし、目を引くようなすてきな教室掲示もできません。

年齢や経験の異なるいろいろな先生がいて、それぞれに得意なこと、好きなこと、強みや大事にしていることが違うから、子どもたちも多彩な価値観に触れることができる。

その価値観の原点を否定してまで周りに合わせてしまったら、子どもたちにとってマイナスなこともあるのでは？

そう考えるようになってからは、来年度の先生のことばかり気にするのはやめました。

これと似たようなことで、例えば学年主任がプランAでいこうと言ったとき、本当はプランBがいいと思っても、Aに合わせてしまうことがよくあります。

特に若手なら、「経験的にプランAのほうがいいと思うから」とベテランの先生に言われたら、反論しづらいですよね。だって経験は、ベテランの先生のほうがそりゃあ、ありますもん。

私の場合、そうしたケースではあまりこだわらず、基本的に合わせるようにしています。

でも、どうしてもやりたいこと、納得できないことがあれば、「うちのクラスはプランBのほうが合いそうだと思うので、今回は別々のやり方でもいいですか」ときちんと伝えるし、どうしてプランAがいいのかを具体的に尋ねるようにしています。

でも、別にゴリ押ししようとは思っていません。

「それでいいよ」となればラッキー、くらいに思うようにしています。

「いや、それでもプランAにしよう」と言われたら、それは仕事なのでプランAでやります。

ただ、まるまるプランBが受け入れられなくても、10のうちひとつくらいはBのエッセンスを入れてみることだってできます。

大事なのは、**「どうして自分はBなのか」「なぜBをやりたいのか」を明確にすること。そして、どうして学年主任はAがベストだと思っているのかを知っておくこと**です。

そうすることで、**どこは合わせたほうが良くて、どこは変えてもいいのか、自分の**

中で基準がもてるようになります。

この他にも、例えば大学を出たばかりの先生なら、つい最近まで大学で最先端の教育や情報を学んでいるので、「こういう授業をやってみたい」という理想をたくさんもっていますよね。

でも実際は、「現場はまず学習規律をちゃんとしなきゃ」とか、「そんなことよりもまず板書ができるようにしないと」とか、なかなか受け入れてもらえない、というのもよくある話です。

そういうときも、

①まずはやりたいことの理由を明確にする。
②それが受け入れられればラッキー。却下されたら次のステップへ。
③最初から全部を通すのではなく、少しずつエッセンスを導入しながら実績をつくる。

くらいの感じでとらえてみてはどうでしょう。

もちろんある程度、スタンダードな部分も必要です。そういうところはきちんと揃えながら、少しずつ、自分のやりたいことができるようになるといいなぁ、と思っています。

TEACHERS' WORRIES
職員室 5

Q 妊婦が担任のクラスは荒れると言われ、子どもをもつのが不安です。

A 妊婦だからマイナスになることなんてありません。うまくいかないときがあっても今できることをやり続ける、それでいい。

「妊婦さんをいっぱい見てきたけどね、妊婦さんのクラスは荒れるよ」

ベテランの先生に言われたことがあります。

「先生が休みがちになって、子どもたちが自分たちを大切にしてもらえないって思うから」と。

なんていうことを言うんだろう。

そんなことあるわけないじゃないか。

そう思っていたくせに、いざ自分が妊娠したら、その言葉がひっかかってしまいました。


「急に病院に行かなきゃいけなくなって子どもたちに申し訳ないな」

「自分たちはちゃんと見てもらえていないと思ってがっかりするかな」

そんなことばかり考えて、休むのを我慢することもありました。


そんなふうに悩んでいたとき、お子さんのいるある女性が私に声をかけてくれたんです。

「私たちは親だから、おそらくほぼ全員、妊娠経験者です。

妊娠中はみんなね、大切に、大切に、無理のないように、って心配してもらいながら過ごしました。

だからね、**先生のことも、大切に、無理のないように、って気遣うのは当然のこと。**

そういう社会だと思ってください」

もう、ありがたさと、安心と、嬉しさとで胸がいっぱいになりました。

実際、私のクラスはどうだったかというと、荒れることなんてまったくなかったし、後任の先生のこともみんな温かく迎えていました。

むしろ、「ごめんね、ちょっとお腹痛いから病院行ってくるね」と言うと、「先生だけじゃなくて赤ちゃんもいるんだから、がんばろうじゃなくて、行ったほうがいいよ」と子どもたちが送り出してくれました。

ちょっとでも心配なことがあると、子どもたちのほうが、「休んだほうがいいし、座ったほうがいいし、念のため病院に行ったほうがいいんじゃない？」と気遣ってくれて。

そんなふうに**相手の立場が想像できて、相手のことを思いやれる子どもたちが誇らしくて、妊婦のクラスは荒れるという呪縛はすっかり解けました。**

ただ妊娠中というだけで気持ちがかき乱されることがあるのに、否が応にもその先には育休中の不安、育休明けの心配もついて回ります。

それに、自分が不在になるときの不安や悩みをもつのは、妊娠中の女性だけではありません。

妊娠していない女性の先生だって、男性の先生だって、持病を抱えながら教壇に立つ人もいれば、親の介護や看病をしながら時間をやりくりしている人もいます。

仕事をしている以上は仕方のないことですが、子どもたちに対してだけでなく、周りの先生たちの手前もあって悩みは尽きません。

でもそんなときは、育休復帰の先生に対して、ベテランのママさん校長先生が言った言葉を思い出すようにしています。

「今は仕事も家事も育児も何もかもが中途半端になるよね。そしてそんな自分がほとほと嫌になると思う。だけど大丈夫。それでいいんだよ。**今年はそういう年だから**」

「ずっとこだわって出していた学級通信。育児していたら出せなくなって悔しかったかもしれない。でもね、**そのときにできることを続ければいい**」

「**教員はどこでもできる。でも家族はひとつだから、家族の近くにできるだけいてあげる。**それでいいいんだよ」

妊娠・出産以外にも、仕事でいっぱいいっぱいになってしまったとき、「今はこれでいいんだ」とこの言葉を思い出し、必要以上に落ち込んだり、凹んだりすることもなくなりました。

まだまだ長い道のりですが、でもその途中で、周りに同じような悩みを抱えている人がいたら、妊婦のときに気遣ってくれた方のように私も温かく見守っていきたいし、校長先生のように「大丈夫、今はそれでいいんだよ」と声をかけることができる人でありたい。心からそう思います。

TEACHERS' WORRIES

職員室 6

Q その場にいない先生の陰口、どう対処したらいい?

A 同調しない、加担しない。話しかけられたときの切り返しを用意しておきましょう。

どの職場でもありそうですが、先生の中にも、やたらと人を非難したがる人が残念ながらいます。

だからはじめは、そういう先生に何も言われないように、その人が残っているから自分も残業する、ということも多々ありました。

私が退勤した途端、私の悪口を言い始めるんじゃないかと、怖くてたまらなかったんですよね。

でもふと、こう思ったんです。

仮に私の悪口を言ったところで、私の耳に入らなければ別に言われていないのと同じなんじゃないかな、と。

だから私は、陰口を言われるのが怖いから、という理由で残業するのはやめました。

それに、子どもたちが残っている間はとにかく忙しいので、だいたいウワサ話や悪口大会が始まるのは残業時。それも夜遅くなってから。

その時間にいなければ巻き込まれることもありません。

とはいえ、自分の悪口はブロックできても、他の人の悪口までブロックするのはむずかしくて、どうしても耳に入ってくることがあります。

自分の悪口でなくとも、そういう話を聞くだけでちょっとしんどくなりますよね。

でも、聞こえてきたら仕方がないので、そういうときは同調しない、加担しない、と決めています。

同時に、**かわす言葉をいくつか用意しておいて、私はそういうことに疎いです、という感じを漂わせておく**。

そうやって何度もかわしていくうちに、「この人には何を言ってもダメだ」って思ってくれれば、それ以上は言ってこなくなります。

自分のことを悪く言われないために馴れ合うのは違うし、その人に良く思われるためだけに働くのも楽しくない。

そんな時間と労力を使うなら、自分が好きだなあって思う人に好かれる働き方をしたほうが断然いい。

職員室という狭い世界だからこそ、馴れ合わず、敵対せず、自分がニュートラルな立場でいられるように行動するのは大事なことかもしれません。

だからといって、悪口陰口を全否定している、というわけでもありません。

その人にとってはこっそりグチを言いたいときはあると思うし、そのグチを聞いてもらうことで心が救われるときって、誰しもあると思います。

でもその**グチを言うタイミング、相手、環境はやっぱり大事**なのではないでしょうか。

夜だったとしても、人が少なかったとしても、職員室で他の人にも聞こえる声で誰かのことを悪く言っていたら、それを聞いてしまった人はいい気分はしないのではないでしょうか。

悪く言われている人のことを慕っている人が耳にしたら、しんどくなるのではないでしょうか。

どんな人も自分にとって、安心安全な環境、人間関係、タイミングが整っているときに、思いっきり「こんなことがあって、私は嫌だった！」と吐き出せたらいいなと思います。

POINT

悪口と出合ったときの対処法

- ☑ ふわっとその場を去る
- ☑ 何も言わない
- ☑ あからさまに困った笑みを浮かべる
- ☑ あからさまに反応を悪くする
- ☑「○○さんのこと悪く言ったら許しませんよ（笑）！」と茶化す
- ☑「知らなかったです。へぇ～」
- ☑「そうは見えなかったです～」
- ☑「私は結構○○さんのそういうところ面白いと思ってます！」
- ☑「私は○○さんのこと好きです！」

TEACHERS' WORRIES
職員室 7

Q 職員室でどうやってコミュニケーションを取ればいいのかわかりません。

A 王道はお菓子コミュニケーション。話しかけるなら、相手が頭を使わない作業をしているときがベストです。

職員室で先生方に話しかけるタイミングってむずかしい。

子どもたちが学校にいる間は忙しいし、休憩はあってないようなものだし、話しかけるのは意外と勇気がいるものです。

他の先生方に聞いてみると、給湯室のようにポットがあるところにお菓子を置いておく、というのがありました。

そうしたら、お茶を汲みに行くときにお菓子の周りにみんな集まるし、そこで会話が生まれるのだとか。

あるベテランの先生は、いつも懐に「懐紙」を忍ばせていて、お菓子をシェアするときにそれにのせて配っていました。コロナ禍で個包装しかシェアできなくなってしまいましたが。

また、もらっても負担にならない程度のお菓子を常備していて、「お疲れ様」とか「ありがとう」とか、ちょっとしたときに渡す、という人もいます。

ある先生は、机の引き出しが丸々一段、全部ブラックサンダーでした。

「あ、これ印刷してくれたんだ。ありがとう」と言ってさっと渡せるの、いいなぁって思います。


ただ残念ながら、私はお菓子コミュニケーションが苦手です。

例えば、休んで穴埋めしてくれた人に「ありがとうございます」と言って渡すことはできるのですが、何も理由がないのにお菓子をシェアしに行くことがなかなかできません。

いざやろうとすると、タイミング的に今じゃないかも、とか、この味が嫌いだったらどうしよう、とか、考えすぎて動けない。

だからその代わり、旅行に行ったときには、お菓子を買い込みます。

「おみやげを渡す」という大義名分ができるので、「旅行に行ったんです」と、渡すついでに雑談します。

その他にも、30枚くらいコピーを取っている待ち時間に、ちょっと話しかけてみることもあります。

このとき、私もですが、**話しかける相手の先生も「頭を使わない作業をしている」ことが大前提。**

そのタイミングで、「ちょっと個人的な相談をしてもいいですか」とか、「すごくどうでもいい話をしていいですか」と前置きしてから、「今日の晩ごはんの相談なんですけど」と、**最初に「今はオフですよ」という意思表示をして、さくっと終わる雑談をします。**

また、「違う学年の先生と話したい」と思ったときは、あえてその先生の残業に合わせて残ってでも一緒に帰るようにします。そうすると、帰り道に駅まで歩きながら話せるので、ちょっと有意義な雑談もできますよ。

POINT

職員室で人間関係を円滑にする工夫

1

17時台に帰る

暗くなればなるほど、どんよりとした話題になりがち。

2

笑顔と挨拶

ニコニコしているだけでマイナスなことってあまり起こらない。

3

意見のためにまずは聞く

「なんでかな」と思うことは、意図を聞いたうえで想いを伝えるようにしている。

④

理由をつけてちょっとしたお菓子を配る

理由もなくお菓子を配るのが苦手だから、
「〇〇（委員会とか、運動会の準備とか）お疲れ様」って理由をつけて渡す。

⑤

好きなこと、得意なことは人の分まで進んでやる

自分からできることをどんどんやることで、円滑に進むことってたくさんある。

⑥

自分から話す。身の上話も自分から

話をするなら自分から。身の上話も話したいことを自分から話す。

⑦

会話に困ったときは「かきくけこ」が便利

か→家族
き→郷里（出身地・出身校など）
く→グルメ
け→健康
こ→娯楽

TEACHERS' WORRIES

第4章

「保護者」がしんどい先生たちへ

TEACHERS' WORRIES

保護者 1

Q 「子どもが先生のことが怖いと言っています」と言われました。

A 保護者は攻撃したいのではなく不安なだけ。子どもがどんなことで困っているのかを具体的に探ってみます。

「うちの子が先生のこと怖いって言っています」

保護者からそう言われたことがありました。

「この子のこと叱ったつもりはないのになんで？」

「ダメなことした子に対して注意することもできないの？」

「あのとき、子どもはニコニコ聞いていたけど、無理してた？」

「こうなる前になんでもっと早く言ってくれなかったの？」

考えれば考えるほど苦しくなって、たくさん自分を責めました。

でも同じ年、違う保護者に「先生が優しすぎる」と言われたんです（P139参照）。両極端過ぎてびっくりですが、それを聞いたときに、「人にはいろいろな面があって、相手の感じ方もそれぞれなんだ」と気がついたんですね。

人の見方とか、その子が置かれている状況とか、家庭の方針とか、本当にそれぞれ。怖いと言われたから優しくしなきゃとか、優しすぎるって言われたから厳しくしなきゃ、ということじゃない。

それに、子どもが保護者に伝えた内容は、あくまで子どもが見た一面であって、その状況のすべてではないことがありますよね。

子どもにとっても何か嫌だったことがあれば、他の面は見えなくなることもあると思います。

そもそも、**保護者だって私のことを否定したいわけじゃない**。

ただ、子どものために教員の言動について要望を伝えたいだけなんですね。

私が保護者の立場でも、娘から「先生が怖い。学校に行きたくない」と聞いただけでは、「どういうこと？」と胸がざわざわします。でも、事実として「先生のことが怖いから学校に行きたくないみたいです」とそのまま担任の先生に伝えたら、確かに先生の存在自体を否定しているように聞こえてしまうかもしれません。

だから、そうなったときはまず、「怖かったのはどんなところ？」「優しすぎると思ったのはどんなとき？」など、子どもがどんなことに困っているのかを具体的に聞くようにしています。

そのうえで、「じゃあどうしたらいいのか」を一緒に考えます。

ちょうど「怖い」「優しすぎる」問題で混乱していた時期、ある校長先生が、こんな話をしてくださいました。

「保護者の方から向けられる表情や行動って、怒りに見えるけどそうじゃない。不安なんだよ。不安だから、どうなっているんですか？と問いただすような行動を取ってしまう。

そのときに大事なのは、対策以前にまず、**保護者が抱えている不安に共感して、大丈夫ですよ、と安心させてあげること**です。

保護者とは敵対関係ではありません。お互い、子どものためにどうすればいいのかという同じ視点に立っているのだから。

そうやって、子どもたちのためにより良い環境をつくるための味方として見ることが大事なんです」

本当にその通りだと思います。

保護者も、先生と戦いたいわけではない。ただ、すごく不安なだけ。それを忘れてはいけない。

そして必要なのは、ただなだめるだけでも、機械的に説明することでもなくて、共感して一緒に本気で考える、ってことなんですね。

教員も保護者も、「子どもたちが毎日楽しく過ごせるのが一番」という願いは同じです。

子どもにとっての味方同士、もっとフランクに、もっとフラットに、お互いの想いを伝い合える場があればいいなぁと思っています。

TEACHERS' WORRIES
保護者 2

Q 「子どもが、他の子を特別扱いすると言っています」と言われました。

A どの子も先生に特別扱いされたいだけ。今は伝わらなくても「みんなが特別」だと言い続けます。

「子どもが、先生が優しすぎると言っています」

冗談みたいな話ですが、「先生が怖い」と言われた同じ年度で言われた言葉です。

状況やタイミング、そしてその子の特性に応じて、私たちは指導を行っていきますよね。そこで、ここは目をつぶろう、ここは今ではなくて後で声をかけよう、厳しく言うのではなく優しく伝えよう……などと意図的にやっていきます。

でも、それを見ていた他の子どもが、「先生が甘いから、特別扱いするからこんなことになるんだ」と感じ、保護者に伝えて連絡がきた、というようなことって、時々あります。

「なんであの子だけ特別扱いするの？」

「あの子ばかり優しくしている」

そう言ってくる子の中には、本当は甘えたくて特別扱いされたい、そう感じる子もいるのだと思います。

でもね、実際、特別扱いされていない子なんて、誰ひとりいないんです。

やんちゃな子は目立つから、ついその行動にばかり目がいきがち。

でも、「あの子にばかり甘い！　特別扱いしている」

そう言ってきた子どもの給食は、苦手な野菜をこっそりと他の子よりも少なくしてあげている。なんてこと、クラスではよくありませんか？

ささいなことかもしれませんが、**先生って本当にクラス全員、一人ひとりにちゃん**

とカスタマイズした特別扱いの対応をしているつもりです。

でも、子どもたちにはなかなか伝わらなくて、その不満をそのままおうちの方に言ってしまう。

そうすると、保護者からは「そういう（やんちゃな）子は先生が優しすぎるから言うことを聞かないんじゃないですか」と言われてしまうケースもありますよね。

だから私は子どもたちに、**いつでも、どこでも、「みんなが全員特別なんだ」と伝え続けていきたいし、自分が可能な範囲の特別扱いは全員に少しずつ、やっていきたい**です。

今はまだ気づけなくても、いつの日かこの気持ちが届いてくれるといいなぁと思っています。

TEACHERS' WORRIES

保護者 3

Q 保護者からのクレームがしんどいです。

A 落ち込む必要なんて全然ない。この人はこう思うんだと受け止めて、まずは対策を考えましょう。

クレームってそこに至るまでに、保護者の方がいろいろ我慢していたり、たまっていたりしたことが、先生への不信感や怒りとなって爆発したときなんだと思います。

私たちも、そういった連絡がきたら、もちろんできる限りのことはするけど、でも、そういうときってなぜかどんどんこじれていく。

毎日保護者から電話がくる。

そのために毎日、子どもに聞き取りをする。

また放課後は保護者へ連絡……。

これが続くと、毎日の授業準備をする時間がどんどん遅くなり、自分の身体を休める時間が減っていき、クラスの子どもたちと関わる時間が減っていき、体力も気力もどんどん減っていってしまうんですよね。

ただそれって、保護者にも先生にもお互いに起こり得ることだと思うんです。

例えば、先生から「もう少していねいに宿題を見てあげてください」と言われたら、保護者にしてみたら、自分が責められているような気持ちになってくる。教員としては、そういうつもりで言っているわけではないのに……。

そんな言葉ひとつで伝わるものって本当に危うい。

私が保護者との関係で悩んでいたとき、ある校長先生がこんなことを話してくれました。

「保護者も人間だからいろいろな人がいて、自分と違う考えや、違う視点で物事を見る人はいくらでもいます。それが摩擦になってクレームになることもあると思う。

実際、先生自身が、『やっちゃった』と思うときもあれば、『そんなつもりはなかった』と思うときもあるはずです。

そのときに大切なのは、『あ、この保護者はこういうふうに考えたんだな』と思って受け止めて、すぐに改善したり、対応したりして、今後に活かしていくこと。必要以上に落ち込んだり怒ったりする必要なんて少しもないんだよ。だって、あくまでも、その保護者の考え方だから。

内容自体はしっかりと受け止めて対応する。それ以上でも以下でもない。落ち込まなくていい、自分自身に活かしていけばいい、それだけです」

それを聞いてどれほど安心したことか。

それに、その通りに対応するようにしたら、自分自身が苦しむことも、話がこじれてしまうことも減りました。

保護者の方から何か言われると、つい、言われた言葉だけにフォーカスして、自分の不甲斐なさに落ち込むけれど、多くの保護者の方が求めているのは今後の対応。

お互いのためにしっかりと切り替えて、子どものために最善の方法を考えます。

ただし、唯一、気をつけたいのは、こじれにこじれてしまったときの対応です。

私は、**絶対にひとりで話さない。対応しない。これは徹底して守っています。**

ひとりで対応していると「言った、言わない」という話になることもあるし、関係がこじれてしまっては、なかなか話が進まなくなることもあります。

だから、その前に子どもに聞き取りをする時点で、できる限り、第三者の先生にも同席してもらうようにしています。

そうすると、保護者と話し合う状況になったとき、一緒に子どもの話を聞いてくれた先生も「事情がわかっているから」同席してもらうことが容易になるし、第三者的な目で建設的な話ができることもあります。

そうやって、お互いが歩み寄れる体制をつくっていくのが大事なのだと思います。

POINT

保護者対応で心得ていること

1 指摘しない

子どもの苦手なところは親が一番わかっている。
それをいちいち言われてもしんどいだけ。

2 全力で子どもと保護者に寄り添う

しんどかった、嫌だった、という感情を
否定する必要ってないと思うから。

3 相手のペースに合わせて話す

早口な人となら早口で、ゆっくりな人ならゆっくりめに話す。
それだけで全然違う。

4

なんでも「できます」「やります」と言わない

できないと信頼を失うので、
学校としてできることか確認する。

5

管理職へ逐一報告する

自分を守り、子どもを育て、保護者を救うためにもこれだけは絶対。
自分だけでやらないこと。

6

言いにくい報告は事実だけ伝える

自分の主張を交えた伝え方ではないかどうかを、
シミュレーションしてから対応する。

7

自分の想いも少し伝える

でも、ほんの少しだけ。まずは子どもと保護者の想いを優先。

TEACHERS' WORRIES

保護者 4

Q 保護者へトラブルを報告するのがしんどいです。

A 気が重くても、連絡するのは子どものために必要なこと。トラブルを拡大させせない児童対応も心がけています。

子ども同士のトラブルやケガ、誰かのものを壊してしまった……。そんなことが起こると、すぐに「保護者にどうやって連絡しよう」と頭を抱えます。

子どものことを思えば、また、保護者に安心してもらうには連絡するのは当然なので、もちろんするのですが、伝え方を間違えたら、怒られたら、こちらの言いたいことがしっかり伝わらなかったら……?

そんなことばかり考えて不安になって、挙句、上手に伝えられず、余計に落ち込んで悪循環……なんてことが、私も時々ありました。

でも冷静になって考えてみると、そもそう思うこと自体、子どものためでも保護者のためでもなく、自分の保身になっているのかも……。

それに気づいてからは、保護者への連絡に不安をもつのはやめました。

とはいえ、なるべく保護者への連絡をしないで済む対策も必要です。

私が心がけているのは、**日中あったトラブルは帰るまでにできる限り解決させる**こと。

子どもたちのトラブルは休み時間に起きることが多いので、3時間目や5時間目に少しだけ他の先生にお願いして、私は子どもたちに聞き取り調査、ということも時々あります。

話を聞いて、晴れて解決すればいいのですが、解決できないまま、「時間がきたから、これで終わり」となると、子どもたちはモヤモヤが残ったまま家に帰ることになり、おうちの方を心配させてしまいます。

そこで、そういうときは、「今は、こういうことでモヤモヤしているんだよね？」と気持ちを整理したうえで、「じゃあ、また明日、その続きを聞いてもいい？」とその場にいる子たちと、次の日に聞くことを確認してから翌日に持ち越します。

そうやって**「ちゃんと解決するまで話を聞くよ」という態度を伝えておくことで、子どもも納得してくれます**。

子どもが納得していれば、保護者に不安を不安のまま話すことも減りますし、「ここはまだ解決していないけど、明日また先生と話すんだ」と子どもが話せば、保護者の心配も少しは減るのかな、と思っています。

保護者と先生とが、子どもを真ん中にして同じ目線でより良くつながっていければ嬉しいなと思っています。

TEACHERS' WORRIES
保護者 5

Q 保護者と信頼関係を築くにはどうしたらいいですか？

A **子どもが満足すれば親も満足。子どもの満足度が上がれば、保護者とも自然と信頼関係が築けます。**

保護者と信頼関係を築いていくのは本当にむずかしくて、だから先生たちも、学級通信をいっぱい出したり、保護者とこまめに連絡を取ったり、いろいろ試行錯誤しながらがんばっています。

もちろん、クラスで子どもたちがどんなふうに過ごしているのかを知るのも、先生と話ができる機会が多いのも、保護者の安心につながりますよね。

「本当に**大事なのは『顧客満足度』。つまり、目の前の子どもたちが顧客で、その顧**

客が満足して家に帰れば、保護者が先生に何か言ってくることはないんだよ」

ある校長先生が言われた言葉です。

なるほど、確かにそうかもしれない。

結局、子どもが楽しく帰ってきてくれるのが親としては一番嬉しいことですもんね。

子どもが「学校に行きたくない」とか、「嫌なことがあった」と言えば、保護者は当然、「どうしたの？」と聞くだろうし、「こうやってけんかになったんだけど、先生がちゃんと話を聞いてくれなかった」となれば、先生に対して「どういうこと？」と思ってしまいます。

反対に、前述のように、**トラブルがあっても子どもと先生との信頼関係ができていれば、保護者が心配することもありません**。

子どもとの信頼関係が保護者との信頼関係につながって、子どもが満足なら保護者も満足。これに尽きます。

そのうえで、私を含め、先生たちは少しでも保護者のみなさんとの信頼関係を深めたくて、学級通信などプラスアルファなことも行っているのです。

校長先生が保護者に伝えた、たったひとつのお願い

これからご紹介するのは、あるとき、全学年の保護者会で
校長先生が言った言葉です。

保護者に対してのお願いですが、
教員と保護者との信頼関係に触れているので、とても参考になります。
自分が保護者の立場のときにも、すごく気をつけている言葉です。

「先生の悪口を子どもの前で言わないでください。
たとえ、子どもが言ってきたとしても、一緒になって言わないでください。
子どもの成長は、学校においては先生との信頼関係が大きく関わってきます。
お子さんが信頼している保護者のみなさまの言葉はすごく影響があります。
だから、お願いです。
お子さんの話で教員の対応に疑問があった場合、
『悲しかったんだね。でも、もしかしたら先生にも考えがあるのかもしれないね』と、
お子さんの想いを受け止めつつ、その話は一旦それくらいにしてください。
その後すぐにこちらにご連絡ください。ぜひ教えてください」

TEACHERS' WORRIES
保護者 6

Q 「あなたには子どもがいないからわからない」と言われました。

A 立場も経験も、みんな違うのは当たり前。だからこそ、相手のことをわかろうとする姿勢をもち続けたい。

「あなたは子どもを産んだことがないからわからない」

まだ私に子どもがいなかった頃、保護者から何度も言われた言葉です。

「子どもがいないと一人前になれないってこと？」

正直、悲しかったし、落ち込んだし、その言葉にモヤっとしました。

そんなとき、ある先輩先生からの言葉で救われました。

「子どもがいるから親の気持ちがわかるのは当たり前。

わからなくても、一生懸命に理解しようとすることが、教育にとって必要なことなんだよ」

「**子どもがいないあなたが、子どもがいる親の立場をわかろうとしてがんばってい****る、その姿勢が大事**なの」

子育て経験の豊富な保護者に対して、若い先生がお子さんのことについて指摘するという構図は、保護者にとってはモヤっとしてしまうのかもしれません。

「たった数か月見てきただけで、うちの子の何がわかるの？　こっちは何年も我が子のことを見てきているのに」

そう思いたくなる気持ちもわかります。

そもそも先生って、感情を向けられやすい職業なのだと思います。

親にとって子どもたちは本当に大事な宝物だし、自分の見えないところで何が起こっているのかわからないまま、子どもが悲しい思いをして帰ってきたとしたら、冷静になれない気持ちもわかります。

でも、教員だってロボットじゃないし、教員である前にひとりの人間です。

心ない言葉を言われたら傷つくのは、人間なので当然です。

そこが置き去りにされて、悲しい思いをしている先生たちの悩みを聞くこともありますが、やっぱりちょっと残念です。


でも目の前の子どもたちやその先にいる保護者も、みんな違う人間です。だから、自分の知らないこと、わからないこと、気づかないことがたくさんあります。

だからこそ、相手のことをわかろうとしないと、いつまで経っても近づけない。

子どもがいるから、経験豊富だから、そういうことにあぐらをかくのではなくて、ただただ目の前の子ども一人ひとりをわかろうとする姿勢を、いつまでももち続けていたいなと思います。

TEACHERS' WORRIES

保護者 7

Q 若い先生だから不安、そう言われても……。

A 若いからこその武器を全面アピール！ ただし期限が切れる前に、他の武器も揃えておきましょう。

前項同様、この言葉もよく言われました。「若いので心配です」と。

年齢や見た目で力量を判断する保護者は、残念ながら一定数います。

確かに若い先生は経験がないのは当たり前で、子どもを産んで、育てて、家事や仕事をして……という立場の保護者から頼りなく思われるのも理解できます。

でも、「若い」ということ自体がすごい武器であることもまた事実。

学校で一番若いということは、子どもたちと一番歳が近いから、わかり合える部分や共感できるところがたくさんあるはず。

それに体力もあるので、子どもたちと一緒にグラウンドを駆け回ることだってできるんです。

さらに、若いうちは自分の時間をめいっぱい仕事にあてられるので、90%、95%、ときには100%で教員の仕事に打ち込めるし、一生懸命にもなれる。

そして前にも触れましたが、大学を出たばかりで教育に対する熱量も高い。こんなことをやりたい、あんなこともやりたい、とキラキラしている。それってすごく大事なことだと思うんです。

いつだったか、先生友達と「若いというだけで、子どもたちはその先生のこと大好きだよね」という話をしたことがあります。

歳を取れば取るほど子どもとの距離を感じる。やっぱり若いって武器なんだね、と。

もちろん、それだけではむずかしいかもしれないし、荒削りだって言われるかもしれません。

でも、**「子どものためにこんなことをやりたい」という情熱を当たり前のようにもっているって、すごくすてきなこと**だと思います。

だから、「若い先生って不安」と言われたら、自分はこんな武器をもっているから大丈夫、と自信をもって伝えてください。

ただし、**この武器は期間限定で、いつまでも使えるわけではありません**。だって、年齢ですから。

「自信のないまま歳を取ると意地悪な中年になりますよ」

これは友人が若い頃、中堅先生に言われた言葉です。

若いときは、自信はなくてもがむしゃらに取り組んで結果を出せることもある。

でも、「若い」という武器にあぐらをかいて、授業力を磨こうとか、もっと新しい実践をしていこうとか、違う武器を増やしていく努力を怠ると、他に武器をもたないまま歳だけ取ってしまうことにもなりかねません。

だから、私とその友人はその言葉を時々思い出し、「意地悪な人にならないためにも、ちゃんと武器を増やしていこうね」と、ことあるごとに話しています。

TEACHERS' WORRIES

第5章

「プライベート」がしんどい先生たちへ

TEACHERS' WORRIES

プライベート 1

Q 結婚したいし子どもも欲しい。でも、タイミングがわかりません。

A ライフイベントは自分の問題。周りへの気配りをしながら、自分のタイミングで人生設計を。

「1年目で結婚は周りに迷惑がかかるから」とか、「2年目に入籍して、3年目、4年目くらいに挙式なら大丈夫かな」とか、「6年生の担任だったら、忙しいから結婚式の準備もできなさそう」とかいう話をよく聞きます。

女性であれば、妊娠なんてもっと気を使って、「年度が切り替わるくらいがいいかな」とか、「6年生だったら途中で代わるのは後任が大変だろうから」とか、考えれば考えるほど何もできなくなってくる。

私はすごく周りを気にするほうだったので、子どもを産むタイミングってどうなんだろうと思ったときに、校長先生に聞いたことがあるんです。

「なるべく、ご迷惑がかからない形にしたいと思って」と。そうしたら、「それは違うよ。そこは**あなたの問題で、あなたがこうしたい、というのを大事にしていいんだよ**」

そうはっきり言ってくださって、本当にありがたかった。

そう言ってもらえたから、私はあまり悩まずにいられたんだと思います。

それに、うちはステップファミリーなので、継母である私の出産に関しては娘がどう思うかが最優先の課題でした。

最初娘は、「私とゆきちゃんとパパ、3人で仲良くできればいい」というので私もそのつもりでした。

でも、成長するうちに年下の子をかわいがるようになり、そのうちに「私、年下の子に優しくできるようになってきた。だから妹か弟が欲しい」と言ってきたんです。だから、私たちにとってのタイミングは今なんだ、と思いました。

当然、仕事のことを考えないわけではなかったけれど、せっかく娘がそう思ってくれたのだから、周りにどう思われようと、今しかないと思ったんです。

実際、そのタイミングで妊娠して良かったし、子どもを産んで良かったし、現にそれでうちの娘は弟が生まれて本当に幸せ、と言ってくれます。

もちろん、人が足りないなかで妊娠して、授業中、急に具合が悪くなったり、産休で途中交代したりしたら、「働き方」の章でも触れたように、若い人にしわ寄せがいってしまうことは当然あります。

結婚、出産、育児をしている人たちは権利に守られている一方で、その人たちの仕事をフォローしていると感じる人も少なくないでしょう。

だから、**権利は権利として使うことはあっても、妊娠中でもできることは精一杯やる姿勢と態度は絶対大事**。

お互いに気持ち良く働くためにも、一緒に働く人たちへの思いやりは忘れずに働いていきたいです。

TEACHERS' WORRIES

プライベート 2

Q 職場に気になる人がいます。職場結婚は許されますか？

A 幸せなこと！ おめでとうございます！ 異動などに関わる可能性もあるので、早いうちに2人で相談を。

私のインスタグラムにも職場結婚のお悩み相談がたびたびきます。確かに先生って職場内結婚が多い気がします。

一方で、「うちの職場のAさんとBさんは付き合っていて、最近、2人の仕事のパフォーマンスが下がった感じがします」というような相談がくることも結構あります。周りからそう思われないように、お付き合いを内緒にしている場合も少なくないようです。

周りでも実際、職場の先輩後輩、初任者の先生同士、仕事の相談を職場の同僚にしているうちに……という話はよく聞きます。

私も教員になる前、大学の先輩から「教員は出会いが少ないから、学生時代にパートナーを見つけておかないと結婚できないよ」みたいなことを言われたし、同じように思っている先生からの相談も結構あります。

仕事が忙しくて気づいたらある程度の年齢になってしまって、周りはみんな結婚して、結婚したいけど出会いもなくて……ということもあるようです。

もちろん、誰とお付き合いしようが、結婚しようが、非難される理由はありません。

そして、同じ職場でそれだけ仲良くすてきな関係を築いた方々がいるということは、個人的にはすごく嬉しいことです。

むしろ、**仕事への活力となるようなお付き合いを、ぜひ、してほしい**なと思います。

ただ、同じ職場の先生同士で結婚したらどちらかは異動になるという話を聞くこともあるので、それについては話し合っておいたほうがいいのかもしれません。

TEACHERS' WORRIES

プライベート 3

Q 職場に友達がいません。それって普通？

A いれば心強いけれど、無理してつくる必要はなし。気になる人がいるなら、少しずつ友人関係を育みます。

「職場に友達がいるだけで、仕事に対するストレスみたいなものがぐっと減る。3人以上いたらベスト」ということを聞いたことがあって、確かにそうかも、と思ったことがあります。

定時帰りを死守するために、ひとりで淡々と仕事をするのもいいけれど、誰かとの雑談で何か新しいアイデアが生まれることもあるし、たわいのない話をしていくうちに、元気をもらったり、信頼関係が生まれてきたりすることもある。

それに同じ職場の友達なら、グチをこぼし合ったり、嬉しいことを喜び合ったり、つらいことを分かち合ったりと、同じことで共感できるのはありがたい。

でも、無理してつくる必要もないと思うんです。気の合わない人とわざわざ付き合うこともないし、それで友達になったとしても逆にストレスがたまるだけですもんね。それに、職場によっては派閥のようなものができていることもあって、そういうときはどこにも属さず、無所属を表明していたほうがいろいろやりやすいこともあります。

仕事をしていくうちに、考え方の近い人が話しかけてくれたりとか、気になる人にこちらから声をかけたりとか、何かのきっかけで少しずつ友人関係が築けるようになるといいなぁ、とは思います。

ちなみに、私は小さな居酒屋で知らない人と呑み友達になるのが好きなんですが、自分とは全然関係のない仕事をしている人の話を聞いていると、自分の抱える悩みや課題がちょっと一般化できて、「私の悩みってこんなもんか」と思えてくることがあります。

同じ職場で助け合える友達もいいですが、**職員室を飛び出して、まったく違う視野をもつ友達をつくるのも刺激的**かもしれません。

TEACHERS' WORRIES

プライベート 4

Q　プライベートの時間が取れなくて苦しいです。

A　**自分にとって大切な時間は真っ先にスケジューリング。それを基準に他のことを詰めていくと、意外とうまくいきます。**

プライベートの時間は仕事のパフォーマンスを上げるためにも重要で、なんとしてでも確保します。

私は今5時起床ですが、とにかく自分の時間が欲しいので、子どもたちが起きてくる6時までに自分の時間を必死に確保。欲を言えば、朝5時に起きなくてもプライベートの時間を確保したいとは思いますが。

同僚の先生の中にも、毎週水曜日の18時からはヨガなど、先に大事なこと（絶対に確保したい時間）を強制的に入れることで、この仕事は隙間時間にやろう、これは明日に回そう、というふうにコントロールしている方をよく見かけます。

「私は17時に帰ります」と周りに宣言するのも同じで、そう言ってからは17時以降に仕事を頼まれることはほぼなくなりました。

自分にとって大切な時間を確保するためには、ある程度、強制力のあるスケジュールを組むのも大事なのだと思います。

「働き方」の章でも触れましたが、本当は自分の時間が欲しいのに、本当はもうちょっと早く寝たいのに、それを言い出せない人が、言われるがままに残業して疲弊することはよくあるし、自分もそうでした。

毎日21時、22時まで残るのがつらすぎて、なんでもいいからとりあえず自分のやりたいことをやってみよう、と行動したのが、週に1度のスターバックス通い。

それが少しずつ達成できるようになったら、次はコンビニごはんやお菓子で済ませていた夕飯を自炊してみる。

そうやってその時々でやりたいことを、現実的なスケジュールと擦り合わせて見つけていきました。

やりたいことが少しずつできるようになってくると、そのうち、「あれ、意外と自分の時間取れるじゃん」と思えるようになってくるから不思議です。

それに、**無理矢理にでもプライベート時間を確保しているときのほうが仕事も確実に楽しくなるし、土日に勉強する余裕ももてるようになりました。**

結局、周りに流されているだけでは、どんどん自分が苦しくなるだけ。

まずは1日のうちでどこかひとつでも、自分のコントロールできる時間をつくってみませんか？

POINT

大切な自分時間を確保する私のスケジュール

5:00　起床
自分の時間
この時間が大切すぎる……。ここで読書したりインスタの記事を作ったり、自分の好きなことをのんびりやります。

6:00　出勤準備
朝ごはん
化粧
平日はほぼルーティン化することで時短成功!

6:40　出勤

7:10　学校着
仕事としての自分の時間。この時間に授業準備とか、自分のやりたい仕事を済ませる。この朝の時間はすごく有意義。

17:30　退勤

18:00　帰宅
晩ごはんづくり
晩ごはんづくりの30分は必死だけど、30分で一汁三菜まで作れるようになった!

18:30　晩ごはん
家事を済ませつつ家族との時間
我が家の晩ごはんはまったり。その間はゆっくり話をしたり、デザートを食べながらゲームをしたり。家事は隙間にやる。

21:00　娘就寝
自分と夫婦の時間
自分の時間だけじゃなくて、夫婦で話したり、映画を観たり。この時間が大好き♡

22:00　就寝
確実に7時間睡眠を死守したいところ。睡眠で仕事のパフォーマンスが決まるから。

TEACHERS' WORRIES
プライベート 5

Q どこで子どもや保護者に見られているかわからなくてビクビクします。

A 先生は町のちょっとした有名人、そう思っていれば、見られたって大丈夫。

実は私、「近所で子どもや保護者に会ったらどうしよう」と思ったことがありません。

だから帰りのバスを待つ間、学校の目の前のスーパーで買い物をして、翌日にその姿を見ていた児童から、買ったものを突っ込まれることもありました。

でも、だから恥ずかしいとかではなくて、子どもってすごく見ているんだなぁって感心するくらい。

他の先生は、「ファミリーレストランに行ったら保護者の方がいて、絶対に見られたくなかったから、かき込んで、急いでこっそりと出てきた」という人もいます。

これについては対策といっても、学校近くのお店に入らない、ということくらいしかできないけれど、あるとき、校長先生の言った言葉に「なるほど」と思ったんです。

校長先生は「**あなたたちは町のちょっとした有名人です。だからそれにふさわしい態度や行動を取りましょう**」と。

いつも、どこかで、誰かが、見ているかもしれないと思うと息が詰まるけれど、有名人なんだって思うだけで、なんだか少し誇らしげな気持ちにすらなってくるから、ものは考えようだなって。

確かに、先生として誰かに見られているという意識をもつことは大事。

それに、考えてみれば、私が相手のことを知らなくても、相手は自分を知っていることもあるわけで、「下手なことはできない」とは思います。

結局、**見られてまずいことをしていなければ、堂々としていればいい**。

ただ、プライベートなモードの自分を見られることへの抵抗や、それを学校という仕事の場で話されるかもしれないという心配はありますよね。

そっとしておいてもらえるのが、やっぱり一番ありがたいかもしれませんが、それはもうあきらめるしかないでしょうか？

だって、私たちはこの町ではちょっとした有名人なんですから（笑）。

おわりに

小学校教員のいいところ。それは間違いなく目の前にいる子どもたち。

これに尽きます。

子どもたちに救われ、子どもたちからエネルギーをたっぷりもらっています。


ある人とお話ししていたとき、「学校の先生がうらやましい」と言われたことがありました。

その方は、困っている子どもたちを救いたいという想いでコーチングの仕事をしているのですが、私が、「(なかなかひとりだけに時間を割けない教員と違って)一人ひとり、個と向き合えていいのでは?」と尋ねると、「集客しなくても、目の前にたくさんの子どもたちがいる環境がうらやましくてたまらない」と言うのです。


そうか、今まで当たり前のように目の前に子どもたちがいたから、そんなことに気づきもしなかった。

目の前の子どもたちに自分の想いを伝えられて、困っている子がいたら救えることだってあるかもしれない。

それってとんでもなく恵まれているんじゃないか。

初めてそう気づかされました。


自分が苦しい状況にあるときって、時間がなくて忙しかったり、思い通りにいかなくて苦しかったり、どうしても「ない」ものばかりに目が向きがちでした。

でも、先生になった理由は、この仕事に絶対「ある」もの。

目の前の子どもたちだったんですよね。

それに、自分が救いたいとか、与えたいとか思っていたけれど、本当は私のほうが子どもたちからたくさん救われて、与えられて、成長させてもらっているんです。


先生のいいところは、もちろん他にもたくさんあります。

例えば給食。

人の手で作られたあったかい給食にどれほど救われたことか。

私は給食が大好きすぎて、育休中で給食を食べられない生活をしていたときは、自宅で給食のレシピを作っていました。

給食に携わる方のお話を聞くと、子どもたちが楽しく食べられるように本当にいろいろと工夫されていることがわかります。

手間がかかるのに、わざわざにんじんを型抜きしてくださるのですが、型抜きにんじんを見つけた子どもは案の定、「ラッキー、にんじんがあった!」と大喜び。

それを見ているこちらも嬉しくなります。

1年目の忙しさに追われて、自分の食生活をおろそかにしていたとき、夕飯をお菓子だけで過ごしていた時期があります。

食べるものを選ぶことさえままならなくて、スーパーのレジ横にあるお菓子を取って、そのままレジでお会計していました。

今思うと相当忙しさにやられていました……。

そんな状況だったけれど、お昼にはおいしくて栄養のある給食が食べられる。

それが、本当にありがたかったと思っています。

大きな希望と理想を抱いて、ようやく先生になることができて、がむしゃらにがんばって。

そして、がんばりすぎて、苦しくなって、しんどくなって、仕事に行けなくなったことがあります。

でも、やっぱり戻ってきたのは、子どもたちがいたから。

先生の魅力も価値もやりがいも、「子どもたち」あってこそだと感じています。

これから先も、まだまだいろいろな壁にぶつかって、泣きたくなったり、つらくなったりするかもしれないけれど、自分の仕事のベクトルが子どもたちに向いている限り、きっと乗り越えられる。

今ならそう、思えます。

この本を手に取ってくださった方の中には、今の今、働くことが苦しくてたまらない、自分は教員に向いていないんじゃないか、この仕事を辞めなければ自分が壊れてしまうんじゃないか……そういう状況の方もいらっしゃるかもしれません。

教員を辞めるかどうか悩んでいるあなたもきっと、まだまだ子どもたちのために、学校で、やりたいことがあるのではないでしょうか。

立ち止まっていい。休んでいい。悩んでいい。

そうやって悩んで苦しんでいるからこそ、同じように悩み苦しむ子どもたちに心から寄り添える。

悩んで苦しんで、しんどいよって思ったとき、この本が隣で「苦しいね、しんどいね、だけどきっと大丈夫だよ」って一人ひとりの背中をさすってあげられる存在であったら、私はすごく嬉しいです。

POINT

＼ 先生っていいぞ！ ／

子どもたちからもらったプレゼント

「先生!　今日は先生のおた……あ(汗)!
いや、教室きれいにするから
昼休みは教室に絶対こないでね!?」

サプライズ、バレてるよ（笑）。

「先生のおしごとって、
なにしてるの～?」

「先生」だよ～！

「また先生と
同じクラスがいいな」

やっぱりそう言って
もらえるとホッとする。

「夏休み、楽しみなんだけど、
学校でみんなと先生に
会えないのさびしい……」

先生もさびしすぎる……。

「ぼくたちのクラス、クラス目標ばっちり
達成したサイコーのクラスだね!」

みんながサイコーなんだよ。

「先生ごめん。今日の給食、
先生の好きなカレーなのに大
盛りにできなかった……」

こっちこそ気を使わせてごめん。

「ねえさっきの授業だけど
もう少し話したくてさ」

休み時間になっても
授業の話をしてくれると、
がんばって良かったなぁって思う。

「私は将来、先生みたいな
大人になりたいです」

嬉しくて涙が出そう。

学校がしんどい先生たちへ

心を守る働き方のヒント34まとめ

教室が、職員室が、教員という仕事自体がしんどくなってしまった先生たちの心が、少しでも軽くなるよう な、本書で紹介しているヒントをまとめました。すぐには改善できなくても、しんどさを感じたときにはいつでも見返して、「自分だけじゃないんだ」「なんとかなるかもしれない」と思ってもらえれば嬉しいです。

「働き方」が楽になるヒント

ヒント1

小さいことからひとつずつ手放していく練習を

仕事の中で、できたらなくしたい、ちょっと心に引っかかる、モヤっとすることを探し、まずはひとつ手放してみる。先生を続けるために持続可能な働き方を。

→P014

ヒント2

仕事は細切れにし隙間時間に割り振って

1か月の予定を俯瞰してみて、マストの仕事を隙間時間に割り振っておく。スケジュール管理はざっくりと、多少の誤差は気にしない。完走できるペース配分も考慮して。

→P022

ヒント3

市販の指導案や他の人の板書に頼ってもいい

教科ごとの指導案やSNSにアップされた実践実例など、授業準備で使えるものはなんでも利用。オリジナルの授業じゃなくても、子どもたちが楽しく学ぶのが一番だから。

→P028

ヒント4

学級経営で一番やりたいことだけ一点集中でもＯＫ

求められる仕事はたくさんあるけど、全部は無理。まずは自分のしたいこと、大事だと思うことをやってみる。余裕ができたら、他のことにもチャレンジして。

ヒント5 「自分がいなくても大丈夫」な環境をつくっておく

急な休みで穴を空けないように、学級経営でガチガチなルールをつくらない。休んだとき用のストックプリントを常備・共有しておけば、他の先生にも頼みやすい。→P037

ヒント6 頼るほうも、頼られるほうもお互い様、の共通認識で

若手や独身者に仕事のしわ寄せがいくのではなく、今は頼ってしまうけれど、別の仕事なら任せてね、とお互いの足りないところを補填し合える関係が大切。→P041

ヒント7 この仕事に「ない」ものばかりに目を向けず、「ある」ものを見て

つらいとき、しんどいときこそ、この仕事に「ある」ものを思い出して。子どもたちの言動や成長が見られたときの感動は、教員になったからこそ味わえる宝物。→P045

「教室」が楽になるヒント

ヒント8 この柵を越えなければOK、というゆるいスタンスで

ひとりで30人、40人いるクラスをコントロールするのは大変なので、「自分と人を傷つけない」ことなら大目に見る。子どもたち自身が考えて行動できる余裕も必要。→P054

ヒント9 自分が伝えたいことが、いつかわかってくれればラッキー

言い聞かせたことが伝わらなくても、今は子どもの言い分を聞いて、受け止めて、正しいほうへと導くだけ。「いつか気づいてくれればラッキー」という長いスパンで考えて。→P057

ヒント10 言葉のかわし方をストックしておけば、少し冷静でいられる

子どもたちが自分を守るために吐いてしまう心ない言葉は、切り返し方をたくさんもっておくことで対応。「先生」を盾にして、私個人とは切り離して考えるこ

とも大切。→P063

ヒント11 **自分の持ち札を増やしながら、ダメなときは助けて、と叫ぶ**

子どもたちをガチガチに管理しなくても、自分のやりたいことができる方法って意外とある。そのためにも、自分から学びに行って、持ち札をたくさん増やしていく。→P072

ヒント12 **どんなときも毅然と、自分の対応や伝えたいことを変えない**

子どもたちになめられないようにと、威圧的に叱る必要はなし。冷静に言い聞かせたり、何度でも伝えたり、自分にしっくりくる対応の仕方を模索して。→P078

ヒント13 **評判が良かったやり方を貪欲に取り入れる**

無理に自分のカラーを出そうとするより、子どもたちに好評だった方法はどんどん取り入れてみる。そのうえで、まずは自分の好きな教材研究からがんばって実績を作る。→P081

ヒント14 **それぞれ違う子どもの「しんどいポイント」を想像して**

周りより少し支援が必要な子どもに「みんなと同じ」を強要しない。子どもたちの「しんどいポイント」を想像して、必要があればお手伝いするくらいの距離感で。→P086

ヒント15 **理想は、ちょっと席を外しても大丈夫な学級経営**

トイレに行けない状況を当たり前にしないで、まずは必要なときには席を外せる学級経営が基本。そのうえで、体調不良時の授業予定や管理職への声かけなど、安全管理の手段を講じる。→P090

「職員室」が楽になるヒント

ヒント16 **高学年神話は気にしない。一年一年の積み重ねが大切**

低学年の担任がダメとか、高学年の担任がすごいとかじゃなく、各学年での積み重ねが子どもたちを成長させていくのだから、大事なのは自分がやれることをま

っとうすること。→P094

ヒント17 通常学級と特別支援学級、どっちが大変とかじゃない

通常学級も特別支援学級もどっちも大変で、大変さのベクトルが違うだけ。自分が置かれた場所に誇りをもって、子どもたちも自分の学級に誇りをもてるような指導を。→P098

ヒント18 「できません」と主張するのも、ときには必要

「勤務時間外に会議をすることは当たり前ではない」という意識をもって、無理なことははっきりと声に出していい。もちろん、可能なときには快く出席。→P104

ヒント19 どうしてもやりたいことは、周囲に合わせずやってみる

どうしても譲れないことは、理由を明確にして主張する。足並みを揃えなければいけないときも、その中にほんの少し自分のエッセンスを入れてみる。→P111

ヒント20 結婚や妊娠、出産は仕事のマイナスにはならない

教員のライフイベントは、子どもたちもその場に立ち会えるチャンスで、不幸なことじゃない。もし、いっぱいいっぱいになることがあっても、「今はこれでいい」と、できることを続けて。→P117

ヒント21 職員室の中では馴れ合わず、敵対せず、無所属で

悪口や陰口と距離を置くためには、残業しない、聞こえてきたら同調しない、加担しない。かわす言葉も用意しておいて、常にニュートラルな立ち位置でいるのが大事。→P122

ヒント22 コミュニケーションにもタイミングが必要

職場内の風通しを良くするためのコミュニケーションは大切。雑談するのは、自分も相手も「頭を使わない作業をしている」ときに。駅までの帰り道も有効。→P127

「保護者」との関係が楽になるヒント

ヒント23 保護者とは敵対関係ではなく、同じ目的をもつ味方同士

保護者から「子どもが○○と言っている」と言われても、先生を否定しているわけじゃない。必要なのは、保護者が抱えている不安に共感して、安心してもらうこと。→P134

ヒント24 子どもたちは全員特別なんだ、と伝える

子どもたちはみんな、先生に特別扱いされたいし、甘えたい。だから私たちも、ことあるごとに、「みんなが全員特別なんだ」と伝え続けていく。→P139

ヒント25 クレームはしっかり受け止めて活かしていけばいい

ぶつけられるのはあくまで保護者の考え方だから、落ち込む必要はなし。ただ、その意見を受け止めて、改善したり、対応したりして、今後に活かしていけばいい。→P142

ヒント26 日中に起きたトラブルは翌日に持ち越さない

子どもと保護者が不安にならないように、トラブルはなるべくその日のうちに解決させる。それが無理なら、「解決するまで話を聞くよ」と伝えて、子どもの不安を残さない。→P148

ヒント27 目の前の子どもの満足度が上がれば保護者も満足

保護者との信頼関係を築くには、学級通信やこまめな連絡も手段のひとつ。でも、子どもたちが毎日、満足して家に帰れば、保護者も安心して自然と信頼関係もできる。→P151

ヒント28 違いを理解しようとする姿勢が大切

目の前の子どもたちやその先にいる保護者もみんな違う人間。だからこそ、相手のことをわかろうとしないと、いつまで経っても近づけない。→P155

ヒント29 「若さ」は期間限定の武器。今は躊躇なく使っていい

若いから心配と言われるけど、子どもたちに共感できるところはたくさんあるし、情熱だって人一倍。ただし、使える期間が限られているから、少しずつ他の武器を増やして。

→P158

「プライベート」が楽になるヒント

ヒント30 ライフイベントは自分のタイミングで決行

結婚も妊娠・出産も、考え始めたらできなくなるので、自分のタイミングで踏み切って。ただし、一緒に働く人たちへの感謝とできることを精一杯やる姿勢は大切。

→P164

ヒント31 職場恋愛、結婚は、仕事の活力となるようなお付き合いを！

出会いの少ない教員の結婚。誰とお付き合いしようが、結婚しようが、迷惑をかけていなければ非難される理由はなし。ただ、どちらかが異動になる場合もあるので、事前に2人で相談を。

→P168

ヒント32 職場の友人は心強くもあるけれど、必須じゃない

仕事をするうちに、何かのきっかけで少しずつ友人関係が築けるようになればいい。職場に親しい人がいないからと、気の合わない人とわざわざ付き合うと逆にストレスに。

→P170

ヒント33 自分にとって大事な時間を最初に予定に入れておく

大切な時間を確保するには、ある程度無理をしてでもスケジュールに組んでおくべき。プライベートの時間は仕事のパフォーマンスを上げるためにも重要だから。

→P173

ヒント34 学校の外で見られても、堂々としていればＯＫ

自分は保護者を知らなくても相手は自分を知っているので、「見られている」という意識は必要。だけど、まずいことをしていなければ堂々としていればいい。

→P177

ゆきこ先生
現役小学校教員で二児の母。がんばりすぎてある日突然学校に行けなくなってしまった過去から、職員室で苦しんでいるけど、みんなが忙しい状況の中でなかなか言い出せない現状を変えたいと感じるように。同じ想いながらにがんばっている先生たちに向けて、学校での体験や自身の経験に基づくアドバイスをInstagramで投稿したところ話題となる。現在も、悩みを抱える先生たちの助けになれたらという想いから、SNS、講演等で積極的に発信を続けている。
Instagram@yukikosan.t

学校《がっこう》がしんどい先生《せんせい》たちへ
それでも教員《きょういん》をあきらめたくない私《わたし》の心《こころ》を守《まも》る働《はたら》き方《かた》

2023年2月2日　初版発行
2023年5月10日　再版発行

著者／ゆきこ先生《せんせい》

発行者／山下 直久

発行／株式会社KADOKAWA
〒102-8177　東京都千代田区富士見2-13-3
電話 0570-002-301(ナビダイヤル)

印刷所／凸版印刷株式会社

●お問い合わせ
https://www.kadokawa.co.jp/（「お問い合わせ」へお進みください）
※内容によっては、お答えできない場合があります。
※サポートは日本国内のみとさせていただきます。
※Japanese text only

定価はカバーに表示してあります。

ISBN 978-4-04-606086-0　C0037